首都经济贸易大学会计学科·青年学者文库

首都经济贸易大学北京市属高校基本科研业务费专项资金（XRZ2021063）

企业供应链中客户信息对供应商影响的研究

衣昭颖　著

中国财经出版传媒集团
中国财政经济出版社

图书在版编目（CIP）数据

企业供应链中客户信息对供应商影响的研究／衣昭颖著．－－北京：中国财政经济出版社，2022.9
（首都经济贸易大学会计学科·青年学者文库）
ISBN 978－7－5223－0555－4

Ⅰ.①企…　Ⅱ.①衣…　Ⅲ.①企业管理－供销管理－研究　Ⅳ.①F274

中国版本图书馆 CIP 数据核字（2021）第 106387 号

责任编辑：马　真　　责任校对：胡永立
封面设计：智点创意　　责任印制：党　辉

企业供应链中客户信息对供应商影响的研究
QIYE GONGYINGLIAN ZHONG KEHU XINXI DUI GONGYINGSHANG YINGXIANG DE YANJIU

中国财政经济出版社 出版
URL：http：//www.cfeph.cn
E－mail：cfeph@cfeph.cn

社址：北京市海淀区阜成路甲 28 号　邮政编码：100142
营销中心电话：010－88191522
天猫网店：中国财政经济出版社旗舰店
网址：https：//zgczjjcbs.tmall.com
北京财经印刷厂印刷　各地新华书店经销
成品尺寸：147mm×210mm　32 开　7.125 印张　180 000 字
2022 年 9 月第 1 版　2022 年 9 月北京第 1 次印刷
定价：33.00 元
ISBN 978－7－5223－0555－4
（图书出现印装问题，本社负责调换，电话：010－88190548）
本社质量投诉电话：010－88190744
打击盗版 举报热线：010－88191661　QQ：2242791300

前言

近年来，国家十分重视推进供应链创新与应用，鼓励商业模式和产业组织方式创新，推进供给侧结构性改革。2013年9月，习近平总书记提出“一带一路”倡议，倡导推行全球供应链战略，加强经济合作、共建开放共赢的多边全球治理体制。2015年12月，中央又提出去产能化，推动实施供给侧结构性改革。2017年10月13日，国务院发布《国务院办公厅关于积极推进供应链创新与应用的指导意见》，指出要推进供应链协同制造，完善从研发设计、生产制造到售后服务的全链条供应链体系，保证快速响应客户需求。这标志着供应链创新与应用已经上升为国家战略，在我国供应链发展史上具有重要的里程碑意义。

信息的决策有用性理论认为，会计信息可以为投资者、债权人、管理层以及供应商和客户等重要的企业利益相关者提供决策依据。供应链中存在普遍的、显著的会计信息传递。信息传递是指某公司所披露的信息可能会帮助投资者或其他利益相关者预测另一公司未来的经营或现金流状况，从而影响该公司的价值预测或内部决策行为（Foster，1981）。供应链中的信息传递是利用供应链这一特殊的检验场景（即从外部利益相关者——供应商或客户的角度），验证信息决策有用性的基本的、重要的理论问题。

国外学术界关于供应链中信息传递的研究起步较早且成果较为丰富。相比国外较为系统、完善的研究脉络，国内关于供应链中信息传递的研究则起步较晚且研究深度不够。我国目前正处于经济转型阶段，法律、市场等制度尚需进一步完善（Allen 等，2005），信息披露环境和信息质量仍不及发达国家市场（Leuz 等，2003），以中小投资者为主的资本市场投资者结构以及交易稳定性较差的产品市场特征也均与美国等成熟资本市场存在较大差异，因此针对国外市场研究得出的结论不一定适用于我国。在我国市场中，企业的主要利益相关者究竟如何获取“供应商—客户”关系链层面中传递的信息，并利用其进行决策的更多具体细节——利用哪些信息？如何利用？——我们依然所知甚少。

本书基于经济学、社会学和财务会计领域的经典理论，并结合我国独特的制度与现实背景，深入剖析了我国企业供应链中交易关系的实质，从理论上分析并实证检验了我国企业供应链中客户信息传递的形成机理。具体如下：

一是基于信息的决策有用性理论、利益相关者理论、信息不对称理论与社会网络理论，并梳理国内外现有供应链领域的相关研究，本书深入分析了我国制度与现实背景下供应链中交易双方的权力结构和利益博弈，诠释了供应链中存在机会主义行为和信息不对称现象的根本原因，揭示了供应链中客户信息对供应商及其利益相关者决策有用的理论依据。

二是通过构造“客户信息对供应商及其主要利益相关者的决策有用性分析—客户信息集合—供应商及其主要利益相关者获取并利用客户信息进行决策的路径分析”的三环节逻辑链条，本书系统分析了我国企业供应链中客户信息传递的形成机理，为后续相关研究提供了系统的理论分析范式：首先，在论证了客户信息对供应商决策有用性的基础上，筛选并归纳了既具有代表性，又适用于供应链研究场景的客户信息集合，主要包括客户的盈余信息、交易信息、治理信息和网络信息；其次，本书对供应商及其主要利益相关者如何获取并利用客户信息进行决策的过程进行路径分析。针对不同的信息使用者，本书提出信息披露与监督、信息共享与利用、信息发现与解读以及市场反应与信息含量——四条由分至总的子作用路径，四条子路径相互关联、彼此影响，共同作用于供应链中的客户信息传递过程。

三是基于客户信息影响供应商盈余信息披露质量的实证检验，本书发现：客户信息会影响供应商的盈余信息披露质量，客户的信息披露策略确实可以通过供应链传递到供应商处。当客户的盈余信息质量越高，“供应商—客户”之间的交易强度越强、交易越稳定或者双方的地理位置较近时，供应商的盈余信息披露质量较高；客户的治理信息并不会显著影响供应商盈余信息披露质量。这表明，我国企业供应链中的客户信息传递确实存在“信息披露与监督”这一作用路径。

四是基于客户信息影响供应商创新决策的实证检验，本书发现：客户信息确实会影响供应商创新。“供应商—客户”之间的交易强度越强、交易越稳定，越有助于供应商创新；客户的机构投资者持股比例越高，越有助于供应商创新；供应商和客户之间的地理距离越近，越有助于供应商创新。这表明，我国企业供应链中的客户信息传递确实存在“信息共享与利用”这一作用路径。

五是基于客户信息影响供应商分析师盈余预测效率的实证检验，本书发现：客户的盈余信息、交易信息、治理信息以及网络信息均可以为分析师预测供应商盈余提供更多、更相关的增量信息，提高分析预测的时效性；高质量的客户信息有助于提高分析师修正后的预测准确度。进一步分析发现，分析师根据客户信息做出的盈余预测修正对供应商投资者仍具有增量信息含量，能够引起供应商投资者的股票市场反应。这表明，我国企业供应链中的客户信息传递确实存在“信息发现与解读”这一作用路径。

六是基于客户信息影响供应商股票市场反应的实证检验，本书发现：客户发布盈余公告时，客户的短期股票市场反应与供应商的短期股票市场反应显著正相关；客户的未预期盈余与供应商的股票市场反应显著正相关；“供应商—客户”之间的交易强度与供应商的股票市场反应显著正相关；供应商和客户之间属于同一行业时，供应商的股票市场反应越强。但是，客户的国有控股属性和机构投资者持股比例却不会显著影响供应商的股票市场反应。这是供应链中客户信息传递的三条子作用路径相互交织、共同作用的综合经济后果。

本书的创新点总结如下：(1) 本书利用供应链的独特研究场景，深入分析客户信息对供应商及其利益相关者的决策有用性，为论证会计信息的决策有用性理论提供了新的研究场景和研究视角。(2) 已有文献或只从某一种利益相关者，或只从某一条信息传递路径出发研究供应链中客户信息传递的应用，稍显片面。本书首次论证并构建了“客户信息对供应商及其利益相关者的决策有用性分析—客户信息集合—供应商及其主要利益相关者获取并利用客户信息进行决策的路径分析”三环节的逻辑链条，较全面地分析了我国供应链中客户信息传递的形成机理。(3) 本书丰富了国内关于供应链领域的相关研究，发现客户信息对供应商及其利益相关者决策有用。这不仅揭示了一条潜在的信息使用者获取信息的重要途径，而且利用科学规范的分析方法为我国进一步完善上市公司的供应商/客户信息披露制度、调整资本市场结构以及推动供给侧结构性改革等政策实施提供了文献支持和经验证据。

目录

第1章 引 言

1.1 研究背景与意义

近年来，国家十分重视推进供应链创新与应用，鼓励商业模式和产业组织方式创新，推进供给侧结构性改革。2013 年 9 月，习近平总书记提出“一带一路”倡议，倡导推行全球供应链战略，加强经济合作、共建开放共赢的多边全球治理体制。2015 年 12 月，中央又提出去产能化，推动实施供给侧结构性改革。2017 年 10 月 13 日，国务院发布《国务院办公厅关于积极推进供应链创新与应用的指导意见》，指出要推进供应链协同制造，完善从研发设计、生产制造到售后服务的全链条供应链体系，保证快速响应客户需求。这标志着供应链创新与应用已经上升为国家战略，在我国供应链发展史上具有重要的里程碑意义。

会计信息可以引导并优化资源配置，降低生产经营和交易成本，在提高供应链协同效率方面起到重要作用。信息的决策有用性理论认为，会计信息可以为投资者、债权人、管理层以及供应商和客户等重要的企业利益相关者提供决策依据。Ball 和 Brown（1968）及 Beaver（1968）发现会计盈余信息可以影响股票市场反应，验证了会计信息有助于投资者的股票估值，从此开创了会计信息在实证研究领域的先河。Smith 和 Warner（1979）及 Kalay（1982）检验了会计信息有助于债权人的风险评估并设计债务契约条款。Bushman 和 Smith（2001）则讨论了会计信息对管理层内部决策和公司治理的影响。利益相关者理论认为，供应商和客户属于对企业存在经济依赖和影响的利益相关者（Freeman，1984）。客户可以利用供应商披露的财务会计信息评估供应商的财务状况和生产能力，供应商也可以根据客户信息预测未来的盈利能力和发展前景。供应链中存在普遍的、显著的信息传递。信息传递是指某公司所披露的财务或其他信息可能会帮助投资者或其他利益相关者预测另一公司未来的经营或现金流状况，从而影响该公司的价值预测或内部决策行为（Foster，1981）。供应链①中的信息传递是利用供应链这一特殊的检验场景（即从公司的外部利益相关者——供应商或客户的角度），验证信息的决策有用性的基本的、重要的理论问题。

国外学术界关于供应链中信息传递的研究起步较早且成果较为丰富。早在 1985 年，Olson 和 Dietrich（1985）率先对供应链中的信息传递进行了检验，发现零售商的产量和销售额隐含着供应商未来的现金流和盈余，零售商披露的盈余公告对投资者估值供应商具有新的信息含量。然而，在其后 20 多年间，关于该领域的研究一直进展缓慢，直至 21 世纪，学术界才开始重新重视对供应链中信息传递的理论和实证研究。例如，部分研究认为供应链中的信息传递影响信息披露及信息质量（Ellis 等，2012；Cao 等，2013；Cen 等，2018；Hui 等，2011；Raman 和 Shahrur，2008）；另一部分研究认为供应链中的信息传递影响公司内部决策，如存货管理（Radhakrishnan 等，2014）、投资和融资行为（Chen 等，2018；Johnson 等，2011；Dhaliwal 等，2015；Campello 和 Gao，2016）、

① 鉴于数据可得性和研究方便，本书均以“供应商—客户”这一二阶关系链为单位进行检验和分析，即以供应链为研究背景，探究客户信息对公司（供应商）行为的影响。为便于读者更好地理解文章内容，特在此予以说明。

研发创新（Chu等，2017；Dasgupta等，2017）以及其他公司治理行为等（Fee等，2006；Intintoli等，2015）；还有部分研究认为供应链中的信息传递可以影响资本市场参与者的盈余预测或估值，如影响投资者的股票市场反应（Cohen和Frazzini，2008；Pandit等，2011；Hertzel等，2008；Cheng等，2014；Intintolli等，2015）、分析师盈余预测（Guan等，2015；Luo等，2015）以及机构投资者持股和交易决策等（Huang和Kale，2013；Alldredge和Puckett，2016）。

相比国外较为系统、完善的研究脉络，国内关于供应链中信息传递的研究则起步较晚且研究深度不够。我国目前正处于经济转型阶段，法律、市场等制度尚需进一步完善（Allen等，2005），信息披露环境和信息质量仍不及发达国家市场（Leuz等，2003），以中小投资者为主的资本市场投资者结构以及交易稳定性较差的产品市场特征也均与美国等成熟资本市场存在较大差异，因此针对国外市场研究得出的结论不一定适用于我国。在我国市场中，供应链中的信息传递是否也会影响利益相关者的行为依然是一个值得进一步考察的问题。纵观国内已有研究文献，学者们主要从供应商/客户集中度的角度考察企业的整体供应商或客户关系对公司的会计信息质量（王雄元和刘芳，2014；方红星等，2017）、投资和融资行为（陈峻等，2015；黄秋萍等，2014）、分析师预测（王雄元和彭旋，2016）以及审计等（王雄元等，2014；方红星等，2016）方面的影响。然而，企业的主要利益相关者究竟如何获取“供应商—客户”关系链层面中传递的信息，并利用其进行决策的更多具体细节——利用哪些信息及如何利用——我们依然所知甚少。本书认为，有必要对我国企业供应链中信息传递的形成机制进行研究，这不仅能够帮助我们更加全面、系统地认识供应链中信息传递的具体过程和作用机制，还有助于更好地从供应商/客户的利益相关者角度理解并验证信息的决策有用性理论。

供应链以客户需求为导向[①]，客户在供应链关系中处于主导地位，本书立足供应商，系统地探究我国企业供应链中客户信息传递的形成机制。本书将回答以下两个重要的研究问题：既然客户信息对供应商及其主要利益相关者的决策有用，那么客户披露的哪些信息可以被供应商及其主要利益相关者获取并利用？如何利用？[②] 为回答以上研究问题，本书首先在论证客户会计信息对供应商及其利益相关者决策有用性的基础上，筛选并归纳了既具有代表性，又适用于供应链研究场景的客户会计相关信息集合，主要包括客户的盈余信息、交易信息、治理信息和网络信息；其次，针对不同的信息使用者，从信息披露与监督、信息共享与利用、信息发现与解读以及信息含量市场反应——四条子路径对供应商及其主要利益相关者如何获取并利用客户会计信息进行决策的过程进行具体分析。本书将构造“客户会计信息对供应商及其主要利益相关者的决策有用性分析—创建客户会计相关信息集合—供应商及其主要利益相关者获取并利用客户会计信息进行决策的路径分析”的逻辑链条，对我国企业供应链中客户会计信息传递进行系统的理论分析，也为今后的相关研究提供较为完善的理论分析范式。

本书的研究在理论和实践方面均具有重要的研究价值。

首先，理论意义方面：基于信息的决策有用性理论、利益相关者理论、信息不对称理论与社会网络理论，并结合我国独特的制度

① 引自国务院办公厅于2017年10月13日正式下发的《国务院办公厅关于积极推进供应链创新与应用的指导意见》（国办发〔2017〕84号）。

② 事实上，在实践中供应商和客户之间更多交流的是私有信息，而非单纯依靠公开披露的信息。供应商和客户之间传递的公开披露信息和私有信息互为补充，私有信息对供应商决策的影响可能更大、更可靠。但是鉴于数据可得性和研究可行性，本书重点关注客户公开披露的财务及其他信息对供应商及其利益相关者（如管理层、各资本市场参与者等）决策的影响。本书借助可获得的客户公开披露的信息，初步探究究竟何种客户信息可能影响供应商决策以及如何影响，以期为后续学者更为深入地研究摸索方向，抛砖引玉。

与现实背景，本书深层次地分析了我国供应链中交易关系的实质以及交易双方之间的权力结构和利益博弈，诠释了供应链中存在机会主义行为和信息不对称现象的根本原因，间接揭示了供应链中客户信息对供应商及其主要利益相关者决策有用的理论依据，为后续供应链领域的相关研究做好了理论铺垫。

其次，实践价值方面：

第一，信息披露与监管方面。通过对企业供应链中客户信息传递的形成机制进行系统细致的过程分析，本书发现客户信息对供应商及其利益相关者决策有用，这不仅有助于揭示一条潜在的信息使用者获取信息的重要途径，而且利用科学规范的分析方法为我国积极鼓励企业自愿披露供应商/客户信息、进一步完善信息披露制度的有效性提供了政策支持。同时，大部分企业选择不披露具体交易信息是出于保护商业机密的考量，这也从侧面说明我国需要进一步加强市场监管，规范信息披露环境，维护企业及利益相关者的根本利益。

第二，资本市场结构改革方面。作为专业的资本市场信息中介，分析师可以发现并解读客户披露的信息，进而为投资者预测供应商价值提供增量信息。这说明我国市场中分析师有助于提高资本市场的信息传递和资源配置效率，我国应继续大力发展分析师和机构投资者这类专业的资本市场参与者，深化资本市场结构改革，促进资本市场和实体经济共同和谐发展。

第三，供给侧结构性改革方面。我国现阶段的产品市场集中度较低、产能过剩情况严重，供应链关系并不十分稳定。稳定的供应链关系不仅能够解除企业发展的后顾之忧，促进实体经济平稳发展，而且便于资本市场参与者发现并解读上下游公司信息，促进资本市场资源有效配置。本书的研究结论认为我国应该不断深化供给侧结构性改革，推进产业整合，从根本上解决产能过剩问题，提高全要素生产率和资源利用效率。

1.2 研究问题及其研究思路

本书系统地探究我国企业供应链中客户信息传递的形成机制。具体而言，本书探究客户信息影响供应商及其主要利益相关者决策的内在作用机制，重点研究以下问题：客户披露的信息是否会影响供应商及其主要利益相关者的决策？哪些信息会产生影响？如何影响？本书的研究思路如图 1-1 所示。

针对图 1-1，本书的研究思路可以概括为以下三个层面：(1) 阐释研究我国企业供应链中客户信息传递的形成机制的必要性和可行性；(2) 对我国企业供应链中客户信息传递的形成机制进行理论分析；(3) 分析并实证检验企业供应链中客户信息传递的具体过程和作用路径。针对上述三层研究思路，本书对每层的具体研究内容逐一阐述如下：

(1) 基于现有关于供应链研究的相关文献，以信息的决策有用性理论、利益相关者理论、信息不对称理论以及社会网络理论为理论基础，同时结合我国独特的制度和现实背景，从理论上分析并阐明深入研究我国企业供应链中客户信息传递的形成机制的理论意义和现实意义。

(2) 本书主要分三步对供应链中客户信息传递的形成机制进行系统的理论分析：首先，结合利益相关者理论、信息不对称理论以及我国独特的制度和现实背景，从供应商和客户之间利益不一致、议价能力不平衡导致信息不对称的角度切入，分析客户信息影响供应商及其主要利益相关者决策的内在逻辑；其次，筛选并归纳主要的客户信息类别，构建具有代表性的“客户信息集合”；最后，依据“信息披露与监督、信息共享与利用以及信息解读与发现”三条路径模式分析供应链中客户信息传递的具体过程，并通

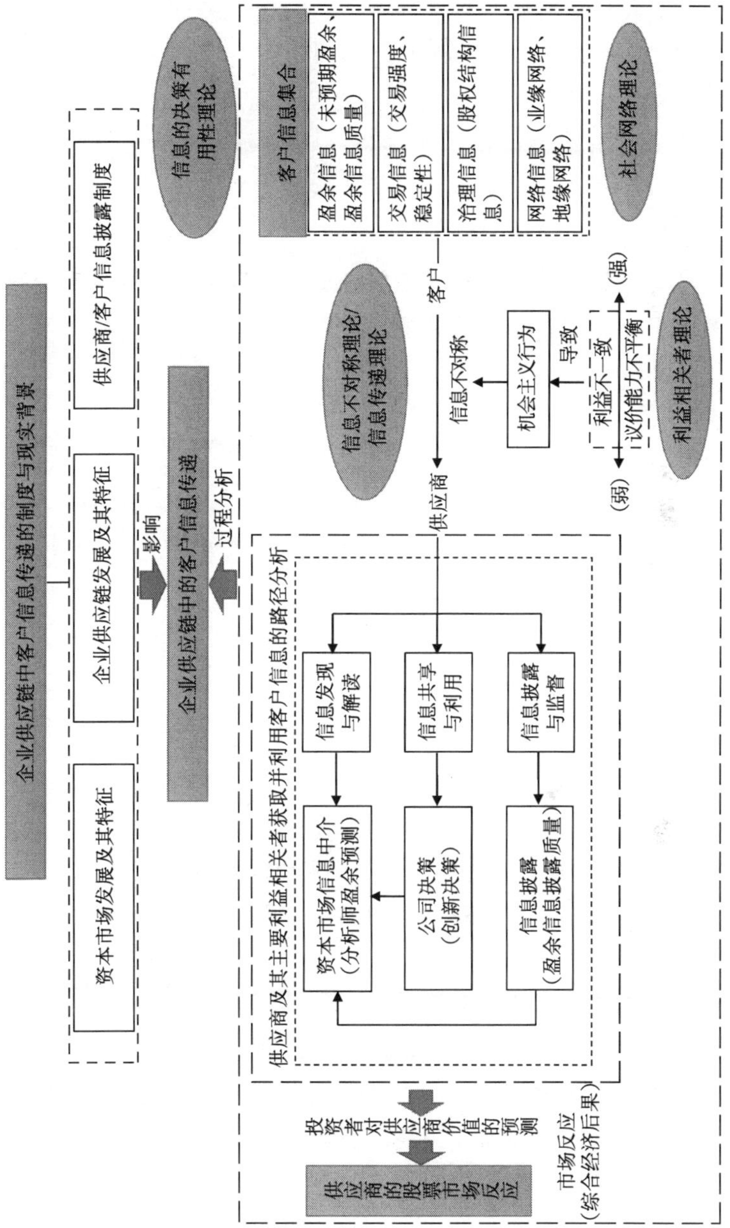

图 1-1 本书的逻辑框架与研究思路

过探究供应商投资者对客户信息是否有显著的市场反应对三条路径的综合经济后果进行检验。本部分内容搭建了系统的理论分析框架，为全书奠定理论基础。

（3）为验证并支撑所提出的理论分析框架，本书依次从信息披露与监督（信息披露质量）、信息共享与利用（公司决策）、信息发现与解读（资本市场信息中介）三条路径对我国企业供应链中客户信息传递的具体过程和作用路径进行实证检验，并从供应商投资者的市场反应视角实证检验了三条作用路径的综合经济后果。

1.3 研究方法与研究结构

本书同时采用了规范研究和实证研究的研究方法。

针对第一层研究内容，本书首先对相关理论以及供应链领域的有关研究进行文献综述，评述本研究问题的理论意义以及现有文献脉络和研究前景；其次，对我国资本市场与实体经济中供应链的发展及其特征进行总结回顾和统计分析，并对上市公司供应商/客户信息披露制度的发展与现状进行归纳和梳理，阐明研究我国企业供应链中客户信息传递的必要性和可行性。

针对第二层研究内容，本书采用文献分析和逻辑推演的方法，对我国企业供应链中客户信息传递的具体过程和作用路径进行系统的理论分析。

针对第三层研究内容，本书采用文献分析、演绎归纳和大样本实证分析的方法进行实证研究。通过收集处理公开披露的数据，并进行描述性统计、相关性分析、事件研究和多元回归分析等计量方法，对本书所提到的四条具体的我国企业供应链中客户信息传递的作用路径进行检验。

针对以上研究问题和研究方法，本书具体的结构安排如图 1-2

所示。

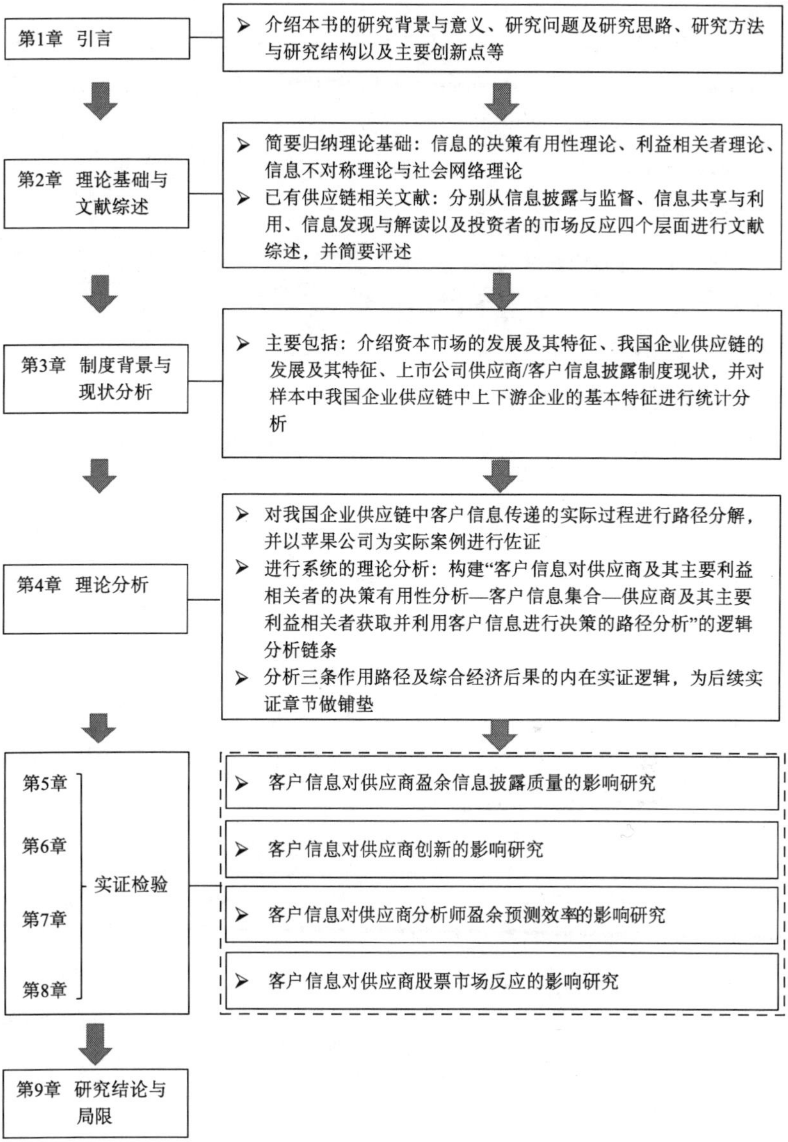

图 1－2　本书的结构安排

第 1 章为引言。本章主要介绍全书的研究背景与意义、研究问题及研究思路、研究方法与研究结构以及主要创新点等。

第 2 章为理论基础与文献综述。本章主要对研究涉及的相关理论和研究现状进行阐述，具体分为以下几部分内容：首先对本书所涉及的相关理论进行回顾和评述，以奠定全书的理论基础。主要包括信息的决策有用性理论、利益相关者理论、信息不对称理论以及社会网络理论等。其次，本章回顾了国内外现有关于供应链方面的研究，分别从信息披露与监督层面、信息共享与利用层面、信息发现与解读层面以及投资者的市场反应层面进行文献综述，并做简要评述。本章基于对经典理论以及供应链领域现有研究的规范分析和脉络梳理，发现潜在的研究可能和研究方向，为后文中理论分析框架的提出奠定了坚实的理论基础，凸显本书的理论意义与研究价值。

第 3 章为制度背景与现状分析。本章主要对研究涉及的制度背景与实务现状进行阐述。具体分为以下四部分内容：首先，介绍我国资本市场的发展及其特征，包括以“散户为主”的投资者结构整体特点、机构投资者的发展与现状以及分析师的发展与现状等。其次，结合我国目前产品市场行业集中度低、产能过剩的情况，对我国企业供应链的发展及现阶段特征进行概括。再次，对上市公司供应商/客户信息披露制度的发展与现状进行归纳梳理。最后，本章对实际样本中我国企业供应链中上下游企业的基本特征进行初步的统计分析。本章为后文第 4 章中分析客户信息对供应商及其主要利益相关者的决策有用性提供制度与现实基础，进而为更好地理解后文的理论分析做好铺垫。

第 4 章为企业供应链中客户信息传递的理论分析。首先，以苹果产业链作为实际案例，本章对我国企业供应链中客户信息传递的实际过程进行系统的路径拆解，为进行理论分析提供直观的现实背景与实践基础。其次，本章通过构建“客户信息对供应商及其主要利益相关者的决策有用性——客户信息集合——供应商及其主要利益相关者获取并利用客户信息进行决策的路径分析”的三环节逻辑分析链条，尝试对企业供应链中客户信息传递的形成机制进行系统的理论分析。最后，本章还对三条作用路径及综合市场反应所对应的实证章节的内在逻辑进行阐释，为后文的实证环节做铺垫。综上，本章从理论上系统地分析了我国企业供应链中客户信息传递的形成机制，不仅是全书的逻辑基础，还为后续章节选取实证研究的切入角度做好铺垫，更为今后关于供应链中信息传递方面的其他研究提供了可借鉴的理论分析思路。

第5章为客户信息对供应商盈余信息披露质量的影响研究，本章的研究目的旨在对供应链中客户信息传递的作用路径之一——“信息披露与监督（子路径一）”进行实证检验。本章以2008—2016年沪深A股非金融行业且供应商和客户均为上市公司发布的季度报告作为研究对象，检验客户的盈余信息质量、交易信息、治理信息以及地缘网络信息四方面因素对供应商盈余信息披露质量的影响，并试图分析其具体的作用机制。本章的研究结果表明，客户确实会经由供应链信息传递渠道监督甚至影响供应商的盈余信息披露质量。客户的盈余信息质量越高，供应商的盈余信息披露质量也越高。而且，当客户的盈余信息质量一定时，供应商和客户之间的关系越紧密、越稳定，或者二者之间的地理距离越近，信息沟通和传递的成本越低，客户的监督效果越好，供应商的盈余信息披露质量越高。本章的研究结论为前文理论分析框架中“信息披露与监督”路径提供了实证支持。

第6章为客户信息对供应商创新的影响研究，本章以公司创新决策为切入点进行实证检验，旨在验证供应链中客户信息传递的作用路径之二——“信息共享与利用（子路径二）”。本章以2008—2016年沪深A股非金融业且供应商和客户均为上市公司的数据作为样本，探究客户的盈余信息质量、交易信息、治理信息及地缘网络信息是否以及如何影响供应商创新。本章的实证结论表明，客户确实会影响供应商创新。尤其是当客户的机构投资者持股比例较高时，更有助于供应商创新；供应商和客户之间的交易关系更紧密、更稳定，或者二者相距较近时，也更有助于供应商创新。这说明，当客户的治理状况较好，或者“供应商—客户”之间的交易关系更紧密、更稳定时，供应链中信息共享与利用的效果更好，更有助于供应商创新。本章的研究结论为理论分析中提出的“信息共享与利用”作用路径提供了实证支持。

第 7 章为客户信息对供应商分析师盈余预测效率的影响研究，旨在为供应链中客户信息传递的作用路径之三——“信息解读与发现（子路径三）”提供经验证据。本章以 2008—2016 年沪深 A 股非金融行业且供应商和客户均为上市公司发布的季度报告作为研究样本，探究客户的盈余信息、交易信息、治理信息和网络信息如何影响分析师对供应商盈余预测的修正时间和修正后的盈余预测准确度。本章的实证检验结果发现，客户的盈余信息、交易信息、治理信息以及网络信息均可以为分析师预测供应商盈余提供更多、更相关的增量信息，提高分析师修正预测的时效性以及修正后的预测准确度。进一步研究发现，分析师根据客户信息做出的盈余预测修正依然可以引起供应商投资者的股票市场反应，对投资者仍具有增量信息含量。本章的研究表明，作为资本市场中重要的信息中介，分析师预测供应商盈余时会关注客户的盈余信息、交易信息、治理信息和网络信息，并利用这些信息提高盈余预测的效率，进而影响投资者对供应商的价值判断和投资决策。本章的研究从资本市场参与者——分析师的视角切入，为前文理论分析框架中“信息解读与发现”路径的合理性提供了大样本实证的经验证据。

第 8 章为客户信息对供应商股票市场反应的影响研究，本章主要对客户信息影响供应商投资者的投资决策进行实证研究，旨在为供应链中客户信息传递的各作用路径的综合经济后果——“供应商投资者的市场反应”提供实证支持。本章以2008—2016年沪深A股非金融行业且供应商和客户均为上市公司发布的季度报告数据为研究样本，检验客户的盈余信息、交易信息、治理信息和网络信息四类信息是否以及如何影响供应商的股票市场反应。本章研究发现，客户发布季度报告时，客户的短期股票市场反应与供应商的短期股票市场反应显著正相关。针对盈余信息，客户的未预期盈余与供应商的股票市场反应显著正相关，客户的盈余信息质量与供应商的股票市场反应不相关。针对交易信息，供应商和客户之间的交易强度与供应商的股票市场反应显著正相关，交易稳定性与供应商的股票市场反应不相关。针对治理信息，客户的国有控股属性和机构投资者持股比例均不会显著影响供应商的股票市场反应。针对网络信息，当供应商和客户属于同一行业时，供应商的股票市场反应更强；供应商和客户之间的地理距离则不会显著影响供应商的股票市场反应。本章研究表明，投资者在预测供应商价值时，不仅会关注客户总体信息，而且会关注客户的盈余、交易、治理和网络信息中的某些特定信息，客户信息对投资者预测供应商价值是有信息含量的。本章的研究结论对前文理论分析框架中客户信息传递的三条作用路径的综合经济后果提供了实证证据。

第9章对全书的研究内容进行总结，并指出研究局限。首先，分别从理论和实证两方面整理归纳本书的研究结论。其次，思考本书的研究结论对我国上市公司信息披露、资本市场结构改革以及供给侧结构性改革的政策启示，并有针对性地提出合理化政策建议。最后，指出本书的研究不足和局限，并提出未来可能的研究方向。

1.4 主要创新点

基于国内外已有关于供应链中信息传递方面的研究，本书的研究内容和研究结论具有以下贡献和创新：

第一，本书利用供应链这一独特的研究场景，全面深入地分析了客户信息对供应商及其利益相关者的决策有用性，为论证会计信息的决策有用性——这一会计学经典理论提供了新的研究场景和研究视角。以往文献多从会计信息影响投资者投资决策、债权人信贷决策以及管理层内部决策和公司治理等研究视角论证会计信息的决策有用性（Ball 和 Brown，1968；Smith 和 Warner，1979；Bushman 和 Smith，2001），而鲜有文献从供应商/客户等利益相关者的视角进行系统分析。本书基于已有经济学、社会学以及财务会计领域的经典理论，并结合我国独特的制度与现实背景，对我国企业供应链情境中客户会计信息影响供应商及其利益相关者的决策提出了新的理论解释：首先，本书认为我国供应链中机会主义行为和信息不对称现象的根本原因在于——供应链中交易双方各异的利益诉求以及不对称的权力结构。其次，本书将客户的整体信息筛选归类为盈余、交易、治理和网络四类主要信息，较为全面、系统地回答了究竟哪些客户信息对供应商及其主要利益相关者有用的研究问题。

第二，已有文献或只从某一种利益相关者的视角，或只从某一条信息传递路径出发对供应链中客户信息传递的应用进行研究，未免稍显片面，如 Guan 等（2015）研究分析师如何利用供应链中客户信息传递提高预测准确度，Hui 等（2011）则研究客户信息如何影响供应商的会计稳健性，等等。本书则首次比较全面地分析了我国供应链中客户信息传递的形成机制：基于已有经典理论，结合我国的制度与现实背景，本书论证并构建了“客户信息对供应商及其利益相关者的决策有用性分析——客户信息集合——供应商及其主要利益相关者获取并利用客户信息进行决策的路径分析”三环节的逻辑链条。进一步地，针对该逻辑链条的第三环节，本书从“信息披露与监督”“信息共享与利用”“信息发现与解读”三条路径具体分析供应商及其主要利益相关者获取并利用客户信息进行决策的过程，并对各子路径所传递的客户信息的综合经济后果——市场反应进行检验。

第三，本书丰富了国内关于供应链领域的相关研究（王雄元和刘芳，2014；方红星等，2017；陈峻等，2015；黄秋萍等，2014）。利用中国数据，本书系统地从“供应商—客户”链层面，筛选归纳具有代表性的客户信息类型，分别实证检验客户信息集合（盈余信息、交易信息、治理信息和网络信息）对供应商盈余信息披露质量、研发创新决策、分析师盈余预测效率以及股票市场反应的影响。这不仅丰富了相关文献，还为本书理论分析中所提出的三条作用路径提供了大样本实证的经验证据，增强了理论分析框架的可信性。

第四，通过对供应链中客户信息传递的形成机制进行系统细致的过程分析，本书发现客户信息对供应商及其利益相关者决策有用，不仅揭示了一条潜在的信息使用者获取信息的重要途径，而且利用科学规范的分析方法为我国进一步完善上市公司的供应商/客户信息披露制度、调整资本市场结构以及推动供给侧结构性改革等政策实施提供了文献支持和经验证据。

第2章 理论基础与文献综述

本章主要归纳并讨论相关的理论基础和文献综述。首先，分别对信息的决策有用性理论、利益相关者理论、信息不对称理论以及社会网络理论进行简要归纳，从理论上分析研究我国企业供应链中客户信息传递的必要性，为后文构建理论分析框架做好铺垫。其次，结合本书的研究内容与研究思路，立足于利用供应链中信息传递的内在逻辑，分别从信息披露与监督层面、信息共享与利用层面、信息发现与解读层面以及投资者的市场反应层面对国内外现有关于供应链方面的研究进行文献梳理，并进行评述。本章内容不仅有助于更加全面清晰地了解和掌握供应链信息传递领域现有研究的脉络和不足，发现潜在的研究空间和研究可能，而且基于对经典理论的规范分析，为后续提出理论分析框架奠定了坚实的理论基础。

2.1 理论基础

2.1.1 信息的决策有用性理论

会计信息的决策有用观是由 G. J. Staubus 于 1953 年率先提出的财务会计的目标之一。其后，在 1966 年前后，美国会计学会

(AAA) 发布《论基本会计理论》一文，从会计信息使用者的角度出发，认为会计信息的决策有用性是指“会计信息能够帮助投资者、债权人、政府、雇员、供应商、客户等内部或外部信息使用者进行决策，引导资源有效配置”。会计信息决策有用性的基本质量特征是相关性和可靠性。下面本章从不同信息使用者的角度对已有文献检验各类会计信息是否具有决策有用性进行综述。

盈余信息是最基本、最重要的会计信息，Ball 和 Brown (1968) 最早利用 261 家纽约证券交易所 (NYSE) 上市公司的数据，对会计盈余信息的决策有用性进行检验，开创了资本市场会计实证研究的先河。他们发现，公司股票价格会对财务报告中的盈余信息做出反应，盈余信息对投资者决策具有信息含量。Beaver (1968) 则利用股票成交量的数据得到了相似的检验结论。此后，陆续有文献探究其他各种会计信息对其他公司内部或外部的信息使用者的决策有用性。Smith 和 Warner (1979) 及 Kalay (1982) 发现会计信息有助于债权人的风险评估并设计债务契约条款。Bushman 和 Smith (2001) 则讨论了会计信息对管理层内部决策和公司治理的影响。Kothari (2001) 对这些文献进行了系统的梳理和总结评述。

相对国外研究，国内学者对会计信息的决策有用性研究虽起步较晚，但内容很丰富。赵宇龙 (1998) 借鉴 Ball 和 Brown (1968) 一文的实证思路和方法，利用我国上海证券市场的 123 家上市公司披露的盈余公告及股价数据，首次提供了我国上市公司披露的盈余公告对投资者具有信息含量的经验证据。陈晓等 (1999) 利用沪深 A 股市场的数据，得到了同样的结论。陆宇峰 (1999) 利用 Ohlson – Feltham 计价模型，发现净资产倍率和市盈率两个指标同样具有决策有用性。此后，大量文献从不同信息使用者视角验证会计信息的决策有用性。王化成和张伟华 (2010) 从公司内部管理层的视角，发现会计信息有助于高管动态激励契约的制定。陆正飞等（2008）从债权人的视角，验证了企业的盈余管理信息可以影响债权人签订债务契约的有用性。廖秀梅（2007）也从债权人的视角，验证了会计信息对信贷决策的有用性。王博森和施丹（2014）则进一步区分债券发债主体、交易市场等方面的差异，验证了会计信息在债券定价中的决策有用性。魏明海等（2018）则从供应商/客户的视角，发现企业的会计信息对供应商投资者的投资决策有用。

本节初步归纳了会计信息的决策有用性理论。会计信息的决策有用性表现在其能够帮助企业内部或外部的信息使用者进行决策。作为重要的利益相关者，企业披露的信息也能够帮助供应商或客户的交易或投资决策，本节基于会计信息的决策有用性理论诠释了本书的研究话题——客户信息对供应商及其利益相关者的决策是有用的，从理论上揭示了本研究的必要性与意义。

2.1.2 利益相关者理论

早在20世纪60年代，学界就开始关注利益相关者理论。斯坦福大学研究院于1963年首先提出，“利益相关者是一些团体，组织需要其支持才能生存下去”。直至1984年，Freeman在《战略管理：一种利益相关者的方法》中给出了比较具有代表性的定义——“利益相关者是能够影响一个组织目标的实现，或者受到一个组织实现其目标过程影响的所有个体和群体”。Freeman还将利益相关者从所有权、经济依赖性以及社会利益三个不同的角度进行分类。《战略管理：一种利益相关者的方法》一书也被认为是利益相关者理论的开山之作。Freeman和Evan（1990）又从契约理论出发，提出企业是所有相关利益者之间的一系列多边契约。Blair（1995）进一步提出利益相关者是所有向企业贡献了专用性资产并以其向公司投入的专用性资产为基础承担了公司的剩余风险和相应的剩余索取权的集团。

国外学者认为，与主流企业理论的“股东利益至上”或“资本强权观”不同，利益相关者理论以契约理论和产权理论为理论基础衍生而来，认为股东、债权人、管理层、供应商和客户等利益相关者都对企业进行了各种形式的专用性投资，均对企业享有剩余索取权和剩余控制权，企业的目标是创造财富和价值，以满足各个利益相关者的利益诉求（Freeman，1984；Clarkson，1995；Blair，1995）。国内学者关于利益相关者理论的研究从 20 世纪 90 年代开始。杨瑞龙、周业安（1997）认为各利益相关者以其与企业之间的契约和产权为基础平等、独立地参与企业治理，共同享有剩余索取权和剩余控制权。杨瑞龙、周业安（1998）又将利益相关者理论应用到国有企业改革中，认为国有企业改革应该摆脱“股东至上”的逻辑，改“单边治理”为“共同治理”，使每个利益相关者以其投入的产权平等参与企业决策并互相监督，以提高国有企业的治理效率。李维安则重点从利益相关者参与公司治理的角度切入研究，认为利益相关者可以影响外部治理机制，提出“经济型治理模型”。2001 年，李维安又在《中国公司治理原则（草案）》一文中重新对此进行了强调，将利益相关者写进了治理原则中，证监会后续发布的《上市公司治理准则》中最终采纳了这一建议。其后，学术界围绕利益相关者理论的界定与应用进行了较多的研究（贾生华、陈宏辉，2002；陈宏辉、贾生华，2004；李心合，2001）。

根据经济学的理性人假设，追求自身利益最大化是每个利益主体的终极目的。利益相关者理论认为，企业的各个利益相关者均有各自不同的利益诉求。一般而言，股东利益诉求是追求企业价值最大化，管理者追求高薪酬、高声誉，债权人追求企业稳定的偿债能力，供应商和客户则追求实现利润最大化或长期稳定的交易关系，政府则追求企业能够承担更多的社会责任，等等。由于立场不同，承担的风险和享有的权利不同，利益相关者在实现自身利益诉求时往往产生利益冲突，如股东和管理层之间的利益冲突（Jensen 和

Meckling，1976；Core 等，1999；Denis 等，1997）、股东与债权人之间的利益冲突（Jensen 和 Meckling，1976；Myers，1977；Smith 和 Warner，1979；Parrino 和 Weisbach，1999）等。在交易关系中，供应商或客户均想获得最大利益，容易产生利益冲突，此时需要通过利益博弈来解决问题。企业与供应商/客户之间的利益博弈是一个讨价还价的过程，博弈结果往往依赖于博弈双方的实力和在博弈中所处的地位，即博弈双方的议价能力。交易双方的议价能力不均衡容易产生机会主义行为，进而造成信息不对称等问题。利益相关者理论认为，利益相关者共同参与企业治理可以缓解利益冲突，充分有效地为各方创造财富、实现效用最大化。

本节归纳了利益相关者理论，并立足于该理论分析企业与供应商/客户之间出现机会主义行为的根本原因，为后文第 4 章中分析供应链中交易双方的权力结构和内在博弈以探究机会主义行为和信息不对称现象存在的根本原因提供了理论分析基础。

2.1.3 信息不对称理论

信息不对称是信息经济学中的重要理论之一。它指市场中的一部分参与者比另一部分参与者具有信息优势。根据信息不对称的发生时间，信息不对称可以分为发生在交易前的事前信息不对称，即逆向选择，以及发生在交易后的事后信息不对称，即道德风险。下面分别对逆向选择和道德风险进行具体阐述。

逆向选择是指，由于存在信息不对称，具有信息优势的一方可以利用自己拥有的私有信息在交易中剥夺信息劣势一方的利益，并据之获取超额回报。逆向选择会导致资源配置低效，甚至造成市场失灵或崩溃。逆向选择的一个典型例子是 Aderlof（1970）提出的二手车市场。在二手车市场中，卖方比买方拥有更多的信息（如真实车况及未来收益等），卖方想要利用这种信息不对称获得比汽车本身价值更高的收益；买方虽能意识到存在信息不对称，但是并没有足够的信息来判断汽车的真实价值，因此只愿意支付二手车平均价格。在这种情况下，真正拥有高质量二手车的卖方不愿意以低价卖出，而拥有低质量二手车的卖方则通过以次充好获得超额报酬。这将最终导致二手车市场中出现“劣币驱逐良币”现象，形成“柠檬市场”。资本市场中也存在很多逆向选择的情况，如投资者与企业之间的信息不对称。相较企业内部知情人，投资者无法直接参与企业管理，因而处于信息劣势，无法真正鉴别企业的真实价值，从而导致资本市场中资源配置效率较低。

道德风险是指，企业的股东在对企业进行投资后，并没有实际参与到企业的日常经营管理中，对企业的真实运营情况了解甚少。此时投资者处于信息劣势，实际掌握企业经营权和控制权的控股股东或内部管理层等知情人处于信息优势，容易发生企业内部知情人利用各种方式剥夺或侵占投资者资金的情况，导致代理冲突。道德风险会导致第一类代理问题和第二类代理问题。第一类代理问题是投资者与管理层之间的代理冲突，主要发生在股权高度分散的企业中。第二类代理问题是控股股东与小股东之间的代理冲突，主要发生在股权高度集中的企业中。

在供应链情境中，供应商和客户之间也存在信息不对称。在供应商和客户确定交易关系之前，客户选择哪一家企业作为原材料供货商或者供应商选择哪一家客户作为销售渠道时，被选择的一方均处于信息优势，这种逆向选择会导致产品交易市场中资源的低效配置。在供应商和客户确定交易关系之后，供应商对自身真实的产品质量及供货能力处于信息优势，客户则对自身的销售能力及盈利状况处于信息优势，二者之间又存在道德风险，这容易滋生机会主义行为，导致供应商或客户从自身利益诉求出发以各种方式或途径挤压或侵占对方利润。因此，供应链中的信息不对称可能造成买卖双方的资源错配或者交易关系破裂。

本节不仅具体阐述了信息不对称理论的基本内涵，而且结合本书的具体研究情境有针对性地对供应链中存在的信息不对称问题进行具体讨论，为后文第4章中分析供应链中供应商和客户之间存在信息不对称，进而阐释客户披露的信息对供应商及其利益相关者的决策有用性提供了理论基础。

2.1.4 社会网络理论

“社会网络”（Social Network）这一专有名词最早可以追溯到英国人类学家拉德克利夫·布朗的《论社会结构》一书。尽管学术界对社会网络的具体定义众说纷纭，但是普遍认为社会网络是个体或组织之间的“联结（Tie）”或“社会关系（Relationship）”形成的多重、复杂、交叉重叠的关系网络，是一群人或一些组织之间的一组独特联系（Mitchell，1969；Foss，1990；Thorelli，1986；Johanson 和 Mattsson，1988）。结点（Nodes）和联结（Connections）是社会网络的基本构成要素。结点指的是社会网络内的个体或组织成员，联结则指社会网络中个体或组织之间的互动与关联。社会网络理论的内容和体系很丰富，其中联结的强度、社会资本理论与结构洞理论是三种主要的基本理论，其他理论大多是从此三种基本理论衍生而来。

Granovetter（1973）最早在“The Strength of Weak Ties”一文中提出联结的强度理论。联结是社会网络的基本分析单位之一。个体或组织间的联结包括亲缘关系、业缘关系、地缘关系以及学缘关系、交易关系等各种形式的关系联结。Granovetter（1973）从个体或组织“在某一联结上所花的时间（The Mount of Time）、情感投入程度（The Emotional Intensity）、亲密程度（The Intimacy）以及互惠性服务（The Reciprocal Services）”四个方面衡量联结的强度（Strength），并根据联结的强度将社会网络中的联结分为强联结（Strong Tie）和弱连接（Weak Tie）两种类型。强联结指联系频率高、互信且互惠的紧密关系，弱联结的关系紧密度则较弱。

Granovetter（1973）认为属于强联结的企业之间所处背景和获取的信息相似度很高，而弱联结更有助于企业获取增量信息和新资源。然而，很多学者对这一结论提出了质疑，认为强联结意味着企业之间较高的信任度和稳定的合作模式，更容易传递复杂信息和获取新资源，而弱联结的稳定性较差、合作破裂的风险较高，因此弱联结的信息传递和资源获取能力较弱（Hansen，1999；Gilsing 和 Nooteboom，2005）。Granovetter（1973）利用结点之间相互接触的频数来衡量联结的强弱。

1988 年，Coleman 首次对社会资本的具体定义做出明确阐述，认为社会资本存在于与其他个体或组织的社会联系中，是个体或团体在与外界联系过程中所增加的资源总和。Portes（1998）进一步更全面地描述了社会资本的概念，认为社会资本是社会网络中的成员利用其与其他成员之间的关系联结获得稀缺资源的能力，这种能力是个体成员嵌入网络的结果，是个体成员拥有的一种资产。嵌入在社会网络中的个体成员拥有的社会资本越多，在社会网络中的地位和位置越关键，也越容易获得社会资源。边燕杰、张磊（2013）对比了我国社会资本和西方社会资本的特征，发现我国的关系社会资本连带性强、功能复用性高、频发义务性较强，并且在竞争程度和体制不确定程度较高的转型经济体中，中国的"关系社会资本"比西方的"一般社会资本"的作用更强。当前，我国的法律、市场等正式制度尚处于完善过程中，作为正式制度的一种替代机制，社会资本对改善企业经营及资本效率有重要作用（戴亦一等，2009；巫景飞等，2008）。

结构洞是指社会网络中的空隙，在这个空隙周围的网络成员之间无直接联结或关系互动。Burt 在 1992 年借鉴社会资本的概念提出了结构洞理论，他认为跨越或消除结构洞有助于网络个体成员获得新信息和新资源，建立自身特有的竞争优势，进而提升整个社会网络的效率。

本节具体介绍了社会网络理论的基本内容。供应链其实是一种以交易关系为联结基础的社会网络，社会网络的基本理论可以运用到供应链研究中。根据社会网络理论，供应链中供应商和客户之间联结的强度——具体表现为交易关系的紧密度、稳定度，会显著影响供应商或客户获取增量信息和新资源。本节基于社会网络理论，为后文筛选并归纳影响供应链中供应商和客户之间信息传递的客户信息（尤指交易信息和网络信息）提供了理论依据，进而为构建供应链中客户信息传递的理论分析框架提供了理论基础。

2.2 供应链中信息传递相关研究的文献综述

近年来，国内外财务会计领域涌现出较多以供应链为研究场景的文献，研究话题涉及企业的信息披露、投融资行为、税务筹划以及审计等一系列有关会计与审计、公司治理等领域的重要问题。通过梳理这些文献的研究结论和内在逻辑，本书认为现有研究本质上大多基于供应链中信息流、物流和资金流的传递，各自选取不同的切入角度和研究场景进行研究。据此，结合本书的研究主题，本章立足于供应链中的信息传递，分别从供应商和客户之间的信息披露与监督、信息共享与利用、信息发现与解读以及市场反应与信息含量四个层面对已有文献进行归纳梳理。

2.2.1 供应链中信息传递相关文献综述：基于信息披露与监督层面

供应链中信息传递影响公司的信息披露。文献认为，供应商/客户作为重要的利益相关者，可以利用供应链中的信息传递影响公司的信息披露策略，监督并提高公司的信息披露质量。由于公司具有向供应商/客户传递盈余“好消息”信号的动机，因而供应商/

客户与企业之间的隐性契约会影响公司会计政策选择（Bowen 等，1995）。其后，Raman 和 Shahrur（2008）研究了供应商/客户对公司盈余管理行为的影响，发现供应商/客户的专用性投资越多，公司盈余管理的幅度越显著。通过对大客户是否会影响公司管理层的自愿披露行为进行了研究，Cao 等（2013）得到了相似的结论。他们发现管理层会利用盈余预测报告向大客户传递公司未来有能力履行隐性承诺的信号，而且公司对大客户的依赖程度越高，公司自愿披露盈余预测报告的动机越强。Cen 等（2018）则研究了“供应商—客户”关系对供应商诉讼事件披露的影响，他们认为供应商陷入诉讼时，供应链面临断链风险，为维系供应链关系的稳定，此时供应商更倾向于策略性地及时披露好消息而隐瞒“坏消息”。Leung（2012）则立足于供应商的角度，发现供应商的专用性投资越高，客户越可能利用财务报告等信息披露工具向供应商传递未来业绩和发展前景等预测性信息（Forward - looking Information），而且供应商的议价能力越强，这种关系越显著。Chen 等（2019）探究了客户的信息保护策略是否会沿着供应链传递到供应商，进而影响供应商的信息披露策略。他们的研究发现，客户对研发或专利信息的保护倾向会显著影响供应商的信息披露策略。进一步地，Hui 等（2011）和 Chen 等（2008）研究了供应商/客户对企业信息披露质量的影响。他们的研究发现，由于供应商和客户之间存在信息不对称，供应商/客户有强烈的动机监督并影响企业的信息披露质量。供应商或客户的议价能力越强，企业对“坏消息”的确认速度越快，信息披露的稳健性越高。供应商/客户对公司的专用性投资越多，公司的会计稳健性也越高。国内研究方面，方红星和张勇（2016）发现在我国市场中供应商或客户的集中度越高，公司的盈余管理程度越高，这一结论与国外相似。王雄元和刘芳（2014）利用中国数据研究了客户议价能力对供应商会计稳健性的影响，实证结果表明客户议价能力越强，客户越有能力要求供应商提高会计稳健性，这与国外的研究结论相似。唐斯圆和李丹（2019）利用2008—2014年沪深A股上市公司的数据为实证样本，发现客户与供应商的地理距离越临近，客户越容易监督并抑制供应商的真实盈余管理和财务舞弊行为，提高供应商的信息披露质量。方红星等（2017）的研究则发现，大供应商或大客户与公司之间的私下信息交流越多，公司发布可比会计信息以满足供应商/客户的信息需求的动机越弱，具体的实证结果表现为供应链集中度越高，公司的会计信息可比性越差。

2.2.2 供应链中信息传递相关文献综述：基于信息共享与利用层面

“信息共享与利用”是本书提出的供应链中客户信息传递的第二条子路径，此处“信息共享与利用”特指供应商利用供应链中的客户信息共享进行诸如经营决策、现金持有与投融资决策、研发创新、税务筹划以及公司治理等方面的公司决策以提升企业真实价值。已有文献从多个方面探讨了供应链中信息传递对公司决策的影响，本章具体从以下话题进行分类综述。

供应链中信息传递影响公司经营决策。文献认为，供应商或客户的集中度越高，供应链中信息传递越便利，有助于公司更有效地利用供应商/客户信息进行经营决策，进而提高公司业绩。Korcan和Patatoukas（2015）研究了制造业中客户集中度与公司存货效率之间的关系，发现客户集中度越高，公司的存货管理效率显著越高。Chang等（2017）探究了客户集中度与公司成本结构之间的关系，发现客户集中度越高，供应商的关系专用性投资越多，导致供应商的成本弹性（即“变动成本/固定成本”的比值）较低。Radhakrishnan等（2014）的研究也认为客户信息有助于供应商提高存货管理效率，具体实证结果表现为，客户的资本市场信息质量与供应商绩效显著正相关。Patatoukas（2012）检验了客户集中度对供应商公司基本面和股票市场估值的影响，发现客户的集中度越高，供应商的销售及管理费用越低、现金等流动和非流动资产周转率越高，盈利能力也随之提高。Patatoukas（2012）通过实证检验发现较高的客户集中度可以促进供应商协调生产及存货管理，进而全面提升供应商的生产运营效率。Irvine 等（2015）从“供应商—客户”关系存续周期的角度拓展了 Patatoukas（2012）一文的研究结论，他们认为 Patatoukas（2012）的研究结论只在“供应商—客户”关系成熟的后期成立，而在“供应商—客户”关系形成的早期则发现截然相反的实证结论——客户集中度与供应商盈余呈显著负相关。Irvine 等（2015）认为这是由于供应商在“供应商—客户”关系建立早期投入较多的专用性资产所导致。Cohen 和 Li（2020）进一步丰富了客户集中度与公司业绩领域的文献。他们将公司的客户区分为政府大客户和企业大客户两种类型，分别检验两种类型的大客户对供应商公司业绩的影响。研究发现，政府客户集中度与供应商公司业绩显著正相关，企业客户集中度与供应商公司业绩显著负相关。国内研究方面，陈正林和王彧（2014）研究了供应链集成对公司财务绩效的促进作用，发现供应链集成可以促进上下游合作让利，降低公司的期间费用，进而提升公司财务绩效。

供应链中信息传递影响公司融资决策。文献认为，供应商或客户可以利用供应链中的信息传递监督并影响公司决策，进而影响公司的融资状况。部分文献研究了供应链中信息传递对公司融资约束和资本结构的影响。Itzkowitz（2015）探究了“供应商—客户”关系对供应商融资约束的影响。研究发现，作为一种非财务利益相关者，客户既有能力又有动机监督供应商并为其提供担保，以缓解供应商的融资约束问题。Banerjee 等（2008）的文章研究了“供应商—客户”关系对公司资本结构的影响，发现耐用品行业的公司往往伴随着较高的关系专用性资产投资，公司往往选择维持较低的资产负债率以增强供应商/客户对公司财务状况和发展前景的信心。

Kale 和 Shahrur（2007）的文章也研究了供应商和客户的关系特征对公司财务杠杆比率的影响，得到了与 Banerjee 等（2008）相似的结论。他们认为，公司利用较低的财务杠杆比率作为促进供应商或客户进行关系专用性资产投资的一种保障机制。另有一些文献则探究了供应链中信息传递对公司融资成本的影响。Dhaliwal 等（2016）的研究发现，客户集中度越高，供应商的经营风险越大，供应商的权益资本成本也越大。Kim 等（2015）研究了大客户的盈余绩效对供应商银行贷款合同的影响，发现大客户的 ROA 越高，供应商签订的贷款合同条款越有利。Compello 和 Gao（2017）研究了客户集中度对供应商贷款合同的影响，发现客户集中度越高，供应商面临的经营风险越大，供应商贷款合同条款要求越严苛。Cohen 等（2016）的研究发现，政府大客户对公司经营活动的有力监督和规模经济有助于供应商获得银行贷款。Files 和 Gurun（2018）的文章发现，供应链中公司财务重述公告具有传染效应，大客户的财务重述公告会导致公司贷款利率增加。Cen 等（2014）的研究认为，大客户有强烈的筛选和监督供应商以维系供应链稳定的动机，因此公司与大客户之间长期的合作关系对外界而言是一种隐形声誉。他们的研究发现，公司与大客户的合作时间越长、关系越稳定，公司贷款利率越低、贷款合同条款越宽松。国内研究方面，陈峻等（2015）发现客户集中度可以对企业权益资本成本产生显著的负影响。王迪等（2016）基于 2007—2014 年 A 股上市公司数据，发现供应商/客户集中度越高，企业的银行借款能力越强，这说明企业的供应链关系是银行在授信决策过程中予以考量的重要因素。

供应链中信息传递影响公司现金持有和投资决策。部分文献认为，公司可以利用供应链中的信息传递评估自身面临的经营风险，从而做出现金持有决策。Liu 等（2015）研究了客户的会计信息质量与供应商现金持有水平的关系。供应链中存在信息流传递和资金流传递，客户的会计信息质量越低，客户获得外部融资的机会越小，越依赖供应链内部融资（商业信用），供应商为客户提供的商业信用越多，因而供应商需要保持较高的现金持有水平才能抵御面临的流动性风险。Itzkowitz（2013）认为客户集中度越高，供应商面临的运营风险越大，供应商会提高现金持有水平以规避风险。Cohen和Li（2016）研究了政府大客户对供应商现金持有水平的影响，认为政府客户可以为供应商提供稳定的营业收入，可以提高供应商的现金管理效率，供应商的现金持有水平较低。另一些文献认为，公司可以利用供应链中的信息传递，评估自身面临的经营机会和发展前景，进而做出投资决策。Chen等（2018）则利用文本挖掘的技术分析手段，研究供应链中信息传递是否会影响供应商投资效率，发现客户发布的管理层盈余预测报告的语义信息质量可以影响供应商的投资效率。客户盈余预测报告的语义信息质量越高，供应商的投资效率越高。Dhaliwal等（2016）则以“共同审计师”（即供应商和客户为同一审计师）为切入点，研究“共同审计师”是否有助于缓解供应链中的信息不对称，进而提高关系专用性资产的投资效率。Chu等（2015）的研究则发现供应链中的信息传递有助于供应商研发创新。

供应链中信息传递影响公司研发创新。文献认为，供应商可以利用供应链上的信息传递（或信息溢出效应）提高其自身的研发创新水平。Chu等（2017）利用地理距离量度供应商和客户之间的信息溢出效应，发现地理距离邻近的客户可以提高供应商的研发创新效率。Dasgupta等（2017）则探究社会联系是否能提高供应商的研发创新效率，他们发现社会联系可以促进供应链稳定，进而提高供应商的研发创新效率。

供应链中信息传递影响公司税务筹划。文献认为，公司可以利用供应链中信息流、资金流和物流传递进行税务筹划。Cen等（2016）研究了“供应商—客户”关系是否能够帮助公司进行税务筹划。文章发现，“供应商—客户”关系紧密的公司更容易避税，具体可以通过供应链将收入转移至税负低的子公司等方式实现。Huang 等（2016）研究了客户集中度与供应商避税行为的关系，也发现客户集中度越高的公司，其避税的可能性越大。

供应链中信息传递影响公司治理。文献认为供应链中的信息传递会影响供应商或客户的股权结构、股权激励等公司治理行为。Fee 等（2006）的研究发现，出于更有效地利用供应链中信息传递的目的，公司会选择持股供应商/客户以改善供应链中的交易关系。Albuquerque 等（2014）研究了客户集中度对 CEO 股权激励的影响，发现客户集中度越高，供应商面临的非系统性营运风险越高，其高管的股权激励水平也越低。

2.2.3　供应链中信息传递相关文献综述：基于信息发现与解读层面

作为资本市场上重要的信息中介，分析师拥有更强的信息搜集分析能力、更丰富的专业知识和经验，发现与解读供应链中客户信息的能力较强。本书提出的第三条子路径“信息发现与解读”主要关注分析师在供应链客户信息传递中扮演的重要角色。

供应链中信息传递影响分析师盈余预测。Guan 等（2015）发现分析师会根据客户盈余信息修正其对供应商的盈余预测，而且，相对于“只跟踪供应商”的分析师，“同时跟踪供应商和客户”的分析师修正后预测准确度提高的幅度更大。Luo 等（2015）则对分析师选择成为“供应链分析师”的影响因素和经济后果进行了细致的检验。王雄元和彭旋（2016）利用中国的供应链数据，发现“稳定客户”可以提高分析师对企业盈余预测的准确性。

2.2.4　供应链中信息传递相关文献综述：基于投资者的市场反应层面

在获取客户信息、供应商自身披露的信息以及分析师发布的盈余预测报告信息之后，供应商投资者利用获得的所有信息形成整体的股票市场反应，即本书所提出的三条子作用路径的综合经济后果。现有文献认为供应商的资本市场参与者可以利用供应链中的客户信息传递进行预测和投资决策，本节对不同类别的资本市场投资者进行文献综述。

供应链中信息传递对供应商投资者决策的影响。部分文献研究供应商投资者对客户信息的股票市场反应。早在1985年，Olsen和Dietrich就研究了零售商和供应商之间垂直的信息传递。他们以四个主要的零售商及其各自的供应商所形成的配对组为样本，采用事件研究法进行研究后发现，在零售商发布月度盈余公告时，供应商的股票价格与其同步波动。Cohen和Frazzini（2008）也发现当两家公司之间有经济联系（如供销关系）时，公司的股价与伙伴公司披露的信息相关。Pandit等（2011）分析了多个影响供应链内信息传递的经济因素（如供应商和客户之间联系的紧密程度、客户盈余持续性以及宏观经济的不确定性水平等）。基于此，Cheng等（2014）的研究发现市场对客户披露的盈余消息存在过度反应，而这种过度反应在供应商自身发布盈余公告时被纠正了。Hertzel等（2008）还检验了供应链中客户破产信息对供应商公司价值的影响，从企业破产的特殊角度对供应链中的客户信息传递进行了补充检验。Intintoli等（2017）则另辟蹊径，发现客户公司的CEO离职会引起供应商显著为负的股票市场反应。国内研究方面，魏明海等（2018）基于中国市场的数据，发现我国企业供应链中也存在显著的客户盈余信息传递效应，且供应商对客户的经济依赖以及社会资本会对此过程产生显著的正向调节作用。

相对于一般投资者，机构投资者的专业性和独立性更高，搜集分析信息的能力更强，更善于利用信息进行决策。部分学者对机构投资者如何利用客户信息进行持股和交易决策也进行了研究。Huang和Kale（2013）认为基金同时投资供应商和客户所在的行业时，绩效更高。同样地，Alldredge 和 Puckett（2015）也利用供应链场景研究其对机构投资者持股和交易决策的影响，发现机构投资者更愿意同时持股供应商和客户，供应链中的信息传递可以帮助机构投资者获得显著的超额收益。

2.2.5 文献评述

本节结合全书的研究主题与研究结构，分别基于信息披露与监督层面、信息共享与利用层面、信息发现与解读层面以及市场反应与信息含量层面，对财务会计领域中以供应链为研究场景的文献进行综述。纵观国内外已有研究成果，本书提出以下可能的研究空间。

（1）已有文献对供应链中信息传递的研究表现为“碎片化”分布，并未根据其内在隐含的逻辑共性建立起系统的理论分析体系。相比经济学和管理学中的其他研究领域而言，财务会计领域的研究往往容易陷入过分纠结细节切入、忽视统筹把握整体理论框架的怪圈。现有文献虽已从会计与审计或公司治理等领域的各个角度，分别研究了供应链中信息传递对公司及其利益相关者的影响，但这些研究均立足于各自的切入点零散地分布着，多数停留在发现供应链中信息传递有助于公司及其利益相关者决策的表层现象，并未对供应链中信息传递的根本原因、传递的信息类别以及具体作用路径进行完整、系统地阐释和归纳，也未对各具体传递路径的作用机制及其之间的相互关联进行深究和论证，更没有建立起一个系统的理论分析模型。

（2）相较国外较为丰富的研究成果，国内关于供应链方面的研究较少且深度不够。首先，国内现有的研究大多借鉴国外的研究思路，缺乏对中国市场中供应链的发展与现状的探讨，尚未能结合具体国情思考如何解释我国供应链中的信息传递。其次，国外文献对供应链的研究多数已经具体到“供应商—客户”关系链的一对一层面，能够发现供应链中信息传递的更多细节。但是国内研究大多停留在“公司－供应商（或客户）集中度”的一对多层面，容易忽略诸如供应商（或客户）的个体差异等研究细节，研究对象的选取可能并不准确，从而导致研究结论可能存在偏差。最后，现有国内学者对供应商/客户数据的挖掘不够，尚未得到较多深层次的、能够反映供应链关系实质的信息，从而导致现有研究无法对很多涉及供应链中信息流、物流以及资金流真正作用机制的研究话题进行检验。

2.3　本章小结

本章开展了与本书相关的理论基础和文献归纳与综述，阐释了全书的立论依据和理论贡献。首先，本章分别归纳了信息的决策有用性理论、利益相关者理论、信息不对称理论与社会网络理论，为后文第 4 章中构建供应链中客户信息传递的理论分析框架提供理论基础。信息的决策有用性理论诠释了客户信息对供应商及其利益相关者的决策有用性；利益相关者理论和信息不对称理论指出供应商与客户之间是“求同存异”的互惠互利关系，从根本上阐释了供应商与客户之间出现机会主义行为和信息不对称现象的根本原因；社会网络理论认为供应链本质上是一种基于交易关系的社会网络，诠释了交易信息和网络信息可能对供应商及其利益相关者具备决策有用性。其次，本章基于现有供应链研究领域的相关文献，分别针对不同的信息使用者从信息披露与监督层面、信息共享与利用层面、信息发现与解读层面以及市场反应与信息含量层面进行文献综述，指出现有研究的不足及潜在的研究可能。

第3章 制度背景与现状分析

本章介绍与供应链中客户信息传递相关的制度与现实背景，为后文第 4 章中阐释客户信息对供应商及其主要利益相关者的决策有用性提供现实依据，进而为后文对供应链中客户信息传递进行理论分析做好铺垫。本章分为以下四部分内容：首先，介绍中国资本市场的发展及其特征，包括以“散户为主”的投资者结构整体特点、机构投资者的发展与现状以及分析师的发展与现状。其次，介绍中国企业供应链的发展及其特征，从介绍我国产品市场行业集中度较低、产能过剩情况严重入手对我国企业供应链的发展及现阶段特征进行概括。再次，归纳梳理上市公司会计信息披露制度的发展与现状，结合研究内容，本章选择重点介绍《新会计准则》的实施、上市公司供应商/客户信息披露制度与披露现状。最后，对中国企业供应链中上下游企业的基本特征进行初步统计分析，主要包括样本年度与行业分布、供应商/客户基本特征分析以及供应商/客户信息披露时间分布情况等。

3.1 中国资本市场的发展及其特征

3.1.1 以“散户为主”的整体投资者结构特点

在以美国为代表的西方成熟资本市场中，专业的机构投资者持股市值占比较高，而我国的 A 股资本市场以个人投资者为主，机构投资者等专业投资者的持股比例虽逐年增加，但整体比例仍较低。如图 3－1 和图 3－2 所示，以 2016 年为例，美国资本市场中专业的机构投资者持股市值占比高达 55%，而我国的机构投资者占比仅为 17.2%（含境内与境外专业投资机构），个人投资者市值占比则高达 40%①。相较专业的机构投资者，个人投资者的信息搜集和信息分析能力较弱，信息敏感度较差，热衷于对概念或题材的短期炒作，追逐短期买卖利得，跟风投资行为普遍，对重要信息的理解和认识不足容易导致反应不足或反应过度等现象（游家兴，2017；Gul 等，2010）。“散户为主”的资本市场投资者结构造成了我国证券市场的交易活动大多以投机为目的，价值投资相对较少，资本市场的有效性较低的局面。

3.1.2　机构投资者持股的发展与现状

机构投资者主要包括基金、信托公司、保险公司、证券公司、社保基金和境外机构投资者（QFII）等。20 世纪 80 年代以来，西方成熟资本市场中的机构投资者规模发展迅速，成为资本市场的重要参与者。与西方发达国家市场相比，我国的机构投资者出现时间较晚，持股市值占总市值的比例仍较低。1991 年和 1993 年，深圳证券交易所和上海证券交易所才正式放开机构投资者入市的限制。1999 年，证监会提出要“超常规发展机构投资者”，从此我国机构投资者的持股规模逐渐增加，成为影响资本市场效率的一个重要因素。如图 3－2 所示，2006—2016 年，我国 A 股资本市场的机构投资者持股比例虽有小幅波动，但总体仍处于上升趋势。

相较于个人投资者，机构投资者具有专业优势、信息优势和资

---

① 数据来源于《2016 申万宏源投资者结构全景分析报告》。搜狐财经，2017－07－24，重磅丨申万宏源蒋健蓉：2016 中国证券投资者结构全景分析。

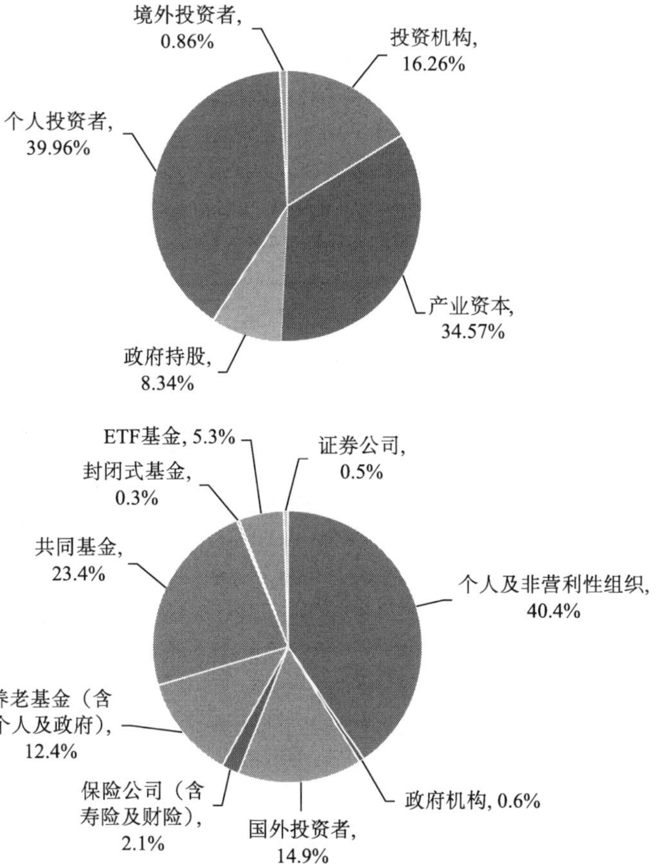

图 3-1 2016 年中国与美国投资者结构的比较

资料来源：WIND，美国证监会，申万宏源研究《2016 申万宏源投资者结构全景分析报告》。

金优势，既具有价值发现功能，又可执行监督功能，参与并改善公司治理。国外学者的研究既验证了机构投资者的价值发现功能（Del Guercio 和 Hawkins，1999；Short 和 Keasey，1997），又发现机构投资者可以有效监督并参与公司治理（Shleifer 等，1986；Chung 等，2002）。在我国，机构投资者也具有价值发现功能。唐跃军和

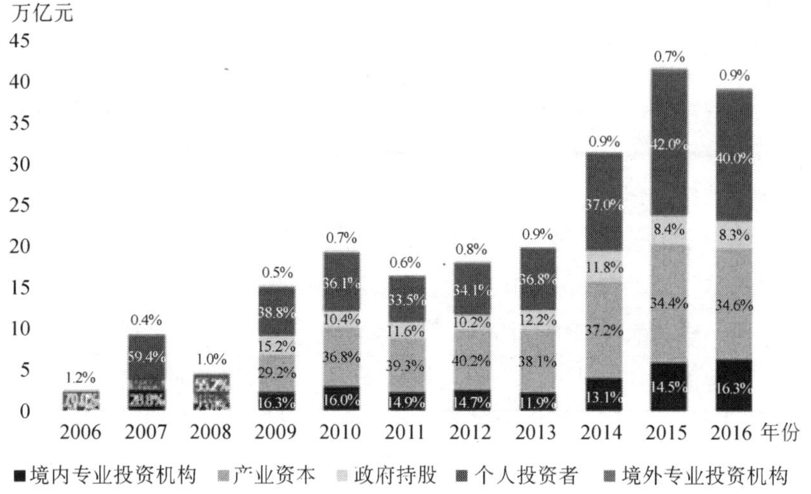

图 3－2　2006—2016 年 A 股投资者持股市值规模及结构变化

资料来源：WIND，申万宏源研究《2016 申万宏源投资者结构全景分析报告》。

宋渊洋（2010）利用我国数据对机构投资者持股究竟具有价值选择抑或价值创造的能力进行了探究，发现我国市场中机构投资者的价值选择能力较强，价值创造的能力则相对较弱。然而，另一部分文献则认为，我国机构投资者监督并参与公司治理的动机和能力较强，不仅具有价值发现功能，还拥有公司治理功能。高雷和张杰（2008）、程书强（2006）、杨海燕等（2012）以及夏冬林和李刚（2008）发现机构投资者可以抑制管理层的机会主义行为，降低盈余管理的可能性，提高公司的会计信息质量。王琨和肖星（2005）发现机构投资者持股可以有效降低我国上市公司资金被关联方占用的程度。温军和冯根福（2012）实证检验了公司治理与技术创新的关系，发现机构投资者持股有助于提高公司研发创新能力。李维安和李滨（2008）、石美娟和童卫华（2009）的研究则验证了机构投资者持股有助于提升公司价值。

3.1.3 分析师的发展及其特征

作为资本市场信息中介的代表，证券分析师依法具有证券咨询的职业资格，依托证券公司的资源平台，不仅能够搜集挖掘反映企业价值的相关信息，还能运用专业知识和分析技术，利用所获取的信息预测企业价值，为投资者及其他资本市场参与者提供更准确的决策依据，证券分析师同时兼具信息发现与信息解读功能。早在20世纪初，伴随着证券市场的逐步发展，证券分析师行业在美国应运而生。为规范分析师行业发展，1962年，美国成立注册财务分析师协会（ICFA），并于同年开始组织证券分析师资格考试，自此美国的证券分析师队伍日益壮大成熟。借鉴美国的成功经验，证券分析师行业在世界各国陆续发展起来。与西方发达国家的资本市场不同，我国的证券分析师出现较晚。21世纪初，我国证券业协会证券分析师专业委员会成立，意味着我国证券分析师正式走上规范化发展的道路。

为直观描述我国分析师行业的发展情况，本书对2006—2018年我国证券公司数量变化、活跃分析师数量以及研报发布量变化进行了统计分析。表3－1和图3－3列示了具体的统计分析结果，数据来源于国泰安数据库。表3－1说明，2006—2018年，我国证券公司数量逐年增加，由2006年的86家增长为2018年的132家。由图3－3可知，我国证券行业的每年活跃分析师总数虽有波动，但整体处于增长趋势，由最初的608人上升到2297人。相应地，分析师每年所发布的研报总量也呈现出相似的波动增长趋势。

表3－1　　2006—2018年我国证券公司数量变化情况

年份	2006	2007	2008	2009	2010	2011	2012	2013	2014	2015	2016	2017	2018
证券公司数量（家）	86	101	104	105	107	107	113	115	119	125	129	131	132

数据来源：CSMAR数据库。

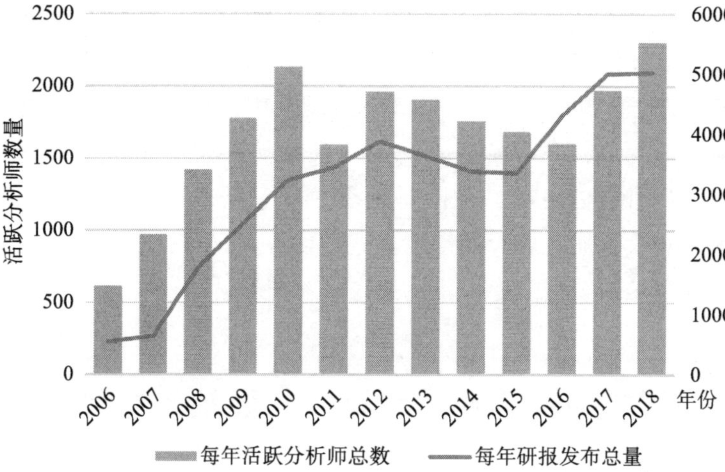

图 3－3　2006—2018 年我国证券公司及分析师历年规模变化

数据来源：CSMAR 数据库。

作为资本市场的信息中介，分析师既是信息使用者，又兼任信息提供者（Livnat 和 Zhang，2012；Ramnath 等，2008；Chen 等，2010）。从国外研究来看，Baginski 和 Hassell（1990）发现分析师可以根据管理层盈余预测修正预测报告。Cotter 等（2006）也发现，2/3 的分析师会选择在管理层盈余预测报告发布的五天内修正其对公司的盈利预测。进一步的理论和实证研究发现，投资者等其他资本市场信息使用者会对分析师修正有显著反应，且这种反应随着分析师预测准确度的提高而显著提高（Abarbanell 等，1995；Park 和 Stice，2000；Clement 和 Tse，2003）。这说明，分析师兼具信息发现和信息解读功能。我国市场环境中分析师是否也能有效扮演信息中介角色，学术界对此的研究深度并不够且一直有所争议。朱红军等（2008）研究发现，证券分析师会同时根据投资者所知的公开信息和公司为市场提供的增量信息进行盈余预测修正。虽然投资者会对分析师预测修正有显著的市场反应，但是实证结果也表明市场对分析师修正的反应存在着漂移现象，投资者并没有及时有效地吸收分析师修正所含的信息。岳衡和林小驰（2008）的研究发现，与统计模型得到的预测值相比，证券分析师的盈余预测准确度更高。然而，许年行等（2012）的研究则认为，分析师乐观偏差可能增加上市公司股价崩盘风险，且此关系在“牛市”更为显著。进一步研究也表明，分析师面临的“利益冲突”会显著加剧乐观偏差对股价崩盘风险的影响。这说明在我国，分析师并未有效提高资本市场的定价效率，推动股市平稳发展。

3.2 中国企业供应链的发展及其特征

3.2.1 中国产品市场行业集中度的变化及其特征

我国一直存在产能过剩、资源配置低效等问题，阻碍经济发展效率的提升。产业集中度①低、产能分散，是我国产能过剩的重要原因。改革开放以来，我国产品市场的产业集中度虽有所上升，但与美国等发达国家相比仍有差距，行业之间发展程度显著不均，具有以下三方面特征：一是产业集中度整体较低、市场竞争激烈、行业间发展不均衡；二是低效的竞争与低效的垄断并存；三是产品市场竞争格局日益凸显优化集中趋势（吴昊旻等，2012）。

① 产业集中度衡量某一行业内资源向某几个特定企业的集中程度，可以反映行业内的垄断程度和竞争程度。过低的产业集中度会导致过度竞争甚至无效竞争，产业集中度的提高则可能会带来规模效应、提高行业竞争壁垒、产能出清等效益提升。但是产业集中度过高，垄断程度过高，则很可能会损害消费者和劳工的利益，从而降低社会整体福利。目前文献中对产业集中度的衡量指标主要有两个，一个是行业集中率指标（CRn），计算方法为某一行业内前 n 家规模最大的企业所占市场份额总和；另一个是赫芬达尔—赫希曼指数（HHI），计算方法为加总市场上所有企业的市场份额。两种计算方法各有利弊，考虑到兼顾数据可得性与决策有用性，本书借鉴吴昊旻等（2012）的做法选取 CRn 指标衡量各行业的产业集中度。

由图3-4、图3-5可知，2014—2018年，我国主要制造业行业的产业集中度呈现逐步递增态势，其中化学纤维制造业、铁路船舶业与汽车制造业的产业集中度最高，分别为43.4%、34.8%和20.2%（以CR8的数据分析结果为例）[①]。由表3-2可知，与美国2002年和2007年的CR4、CR8产业集中度相比，我国的化学纤维制造业以及铁路、船舶、航空航天和其他运输设备制造业的产业集中度与美国的差距较小，但其他行业与美国相应行业的差距仍较大。这些数据分析结果表明，与美国相比，一方面，我国主要制造业的产业集中度整体仍较低、市场竞争激烈，产能过剩情况较为严重，行业发展仍有提升空间；另一方面，我国各行业的发展情况并

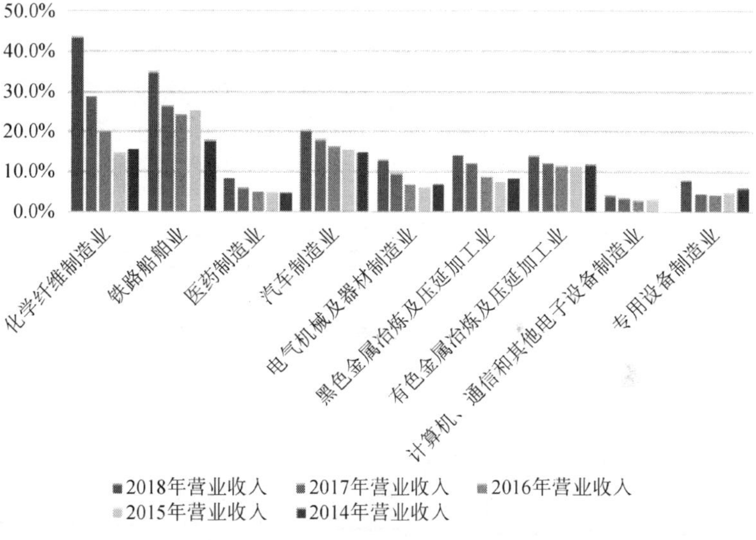

图3-4 2014—2018年主要制造业行业CR8集中度排序

资料来源：WIND，渤海证券研究《渤海证券宏观专题经济报告：产业集中度、行业效益及未来发展空间》。

① 数据来源于WIND，渤海证券2019年6月13日发布的《渤海证券宏观专题经济报告：产业集中度、行业效益及未来发展空间》研究报告。

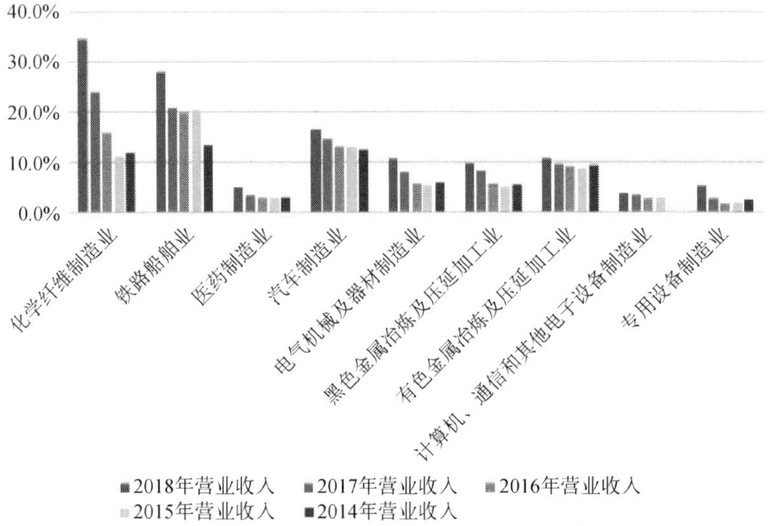

图 3-5　2014—2018 年主要制造业行业 CR4 集中度排序

资料来源：WIND，渤海证券研究《渤海证券宏观专题经济报告：产业集中度、行业效益及未来发展空间》。

表 3-2　　中美主要制造业行业产业集中度对比　　单位：%

排名	中国 CR8 2018 年	中国 CR4 2018 年	美国 CR8 2002 年	美国 CR4 2002 年	美国 CR8 2007 年	美国 CR4 2007 年
化学纤维制造业	43.40	34.80	52.90	39.80	57.10	43.20
铁路、船舶、航空航天和其他运输设备制造业	34.80	28.00	51.00	39.70	50.50	39.70
医药制造业	8.30	5.20	52.90	39.80	57.10	43.20
汽车制造业	20.20	16.60	52.90	39.80	57.10	43.20
电气机械及器材制造业	13.00	10.90	42.10	32.80	38.00	27.90
黑色金属冶炼及压延加工业	14.20	9.70	40.10	28.40	49.10	36.90
有色金属冶炼及压延加工业	13.80	10.80	40.10	28.40	49.10	36.90

续表

排名	中国 CR8 2018 年	中国 CR4 2018 年	美国 CR8 2002 年	美国 CR4 2002 年	美国 CR8 2007 年	美国 CR4 2007 年
计算机、通信和其他电子设备制造业	4.00	3.90	54.70	45.80	55.60	45.10
专用设备制造业	7.90	5.30	48.00	36.30	47.40	36.40

资料来源：WIND，渤海证券研究《渤海证券宏观专题经济报告：产业集中度、行业效益及未来发展空间》。

不均衡，部分行业的发展相对较为成熟，然而大部分行业依然存在低效的竞争和低效的垄断，资源分配效率较低。虽然目前我国的产业结构并不成熟，但是通过观察 2014—2018 年的数据走向，可以发现我国的产品市场竞争正呈现优化集中的趋势，主要行业（尤其是制造业）未来的发展前景和发展空间较大。

3.2.2　中国企业供应链的发展及其特征

改革开放以来，我国经济增长迅速，尤其是 2001 年我国加入 WTO 以后，供应链与物流管理的规模持续扩张，供应链管理的模式和技术也在不断创新。尽管如此，我国供应链管理依然存在以下三方面问题，具有较大发展空间①。

（1）我国供应链多以粗放型结构为主，稳定性较差且效率不高。根据上文分析，我国的行业集中度低，结构性产能过剩情况严重，产品市场竞争激烈，甚至可能存在恶性竞争，这将导致上下游双方拥有大量可选择的合作对象，供应链的交易稳定性较差，阻碍合作效率的提高。

（2）我国的政策法规尚未完善，信用机制还不健全，供应链

① 搜狐财经，2018－06－20，我国供应链服务平台的发展现状及前景展望，https://www.sohu.com/a/236721110_100093760。

发展的软硬环境滞后，供需协同能力较弱。供应链上下游企业在交易过程中存在各自的利益诉求，双方容易在利益博弈的过程中产生争执。虽然我国近年来出台了一系列旨在推动供应链发展的政策，但仍未能对其中可能遇到的诸多问题做出细致详尽的规范。而且，相较美国完善和发达的信用体系，我国的信用体系建设还很薄弱，并不能完全保障交易双方的信用需求（陈静，2011）。这就导致我国的供应链中上下游企业之间的关系以追逐利益为主，短视主义、机会主义行为较多，供应链中企业关系松散，各自为政，信息共享和供需协同程度较弱。

（3）我国供应链中核心企业的技术带动力不足，企业间技术协同创新难度较大，管理的高科技运用水平仍需加强。互联网、大数据、云计算以及物联网等高科技不仅便利了人类生活，还极大地促进传统商业模式的革新，促进供应链中物流、信息流、资金流和知识流的共享流动。与美国等西方发达国家相比，我国目前的供应链管理中高科技应用还有一定差距①，供应链中节点企业之间关系松散，交易活动和信息沟通效率较低，仍需增强供应链整体的研发创新能力。

为优化产能，调整供需平衡，解决现阶段供应链管理过程中面临的各种问题，以便为新型工业化发展提供物流保障，近年来我国出台了一系列旨在提高供应链稳定性并推动其高效发展的相关政策。2013 年 9 月，习近平总书记提出“一带一路”的重大倡议，我国开始实施全球价值链、全球供应链、全球产业链的战略。2015 年 12 月，习近平总书记在中央经济工作会议上又提出，加快推动实施供给侧结构性改革，并提出“三去一降一补”政策，即去产能、去库存、去杠杆、降成本、补短板。供给侧结构性改革的目的

① 搜狐财经，2019－05－29，首份丨《供应链创新发展与变革转型白皮书》发布，https：//www. sohu. com/a/317275347_120122589。

在于推进结构调整、提高全要素生产率，促进经济发展。2017 年 10 月，国务院办公厅印发了《关于积极推进供应链创新与应用的指导意见》（以下简称《意见》），提出鼓励将供应链与互联网、物联网深度融合，推进供给侧结构性改革，提高我国经济全球竞争力。《意见》的提出首次从国家层面对我国现代供应链发展进行全面部署，标志着我国将迎来供应链高速发展的新时代。

3.3　上市公司供应商/客户信息披露制度与现状分析

作为重要利益相关者，国内外信息披露制度对上市公司公开披露供应商/客户信息均做出了明确要求。美国在 1997 年发布的 SFAS 131 中强制规定“若上市公司向某单一客户（包括联邦政府、州政府、当地政府或外国政府在内）的销售额占总销售额的比例超过 10%，该客户为公司的主要大客户，上市公司应当披露该客户的具体名称及销售金额”。与美国强制要求披露销售额比例超过 10% 的大客户不同，我国要求上市公司披露前五名供应商/客户的信息，披露范围相对较大且较客观。2001 年，证监会发布《公开发行证券的公司信息披露内容与格式准则第 2 号——年度报告的内容与格式（2001 年修订稿）》，首次提出上市公司应披露向前五名供应商/客户的采购额/销售额占年度采购总额/销售总额的合计比例。2009 年，证监会又发布修订稿，进一步提出“鼓励公司分别披露前五名供应商名称和采购额”。

利用国泰安数据库中的 2001—2016 年上市公司前五大供应商/客户数据，本书对我国企业供应商/客户信息的实际披露情况进行了统计分析。纵观 2001—2016 年我国企业各年度供应商/客户信息的披露状况，本书得到以下三条结论：首先，从整体来看，各年度上市公司更倾向于披露客户信息（80%以上），披露供应商信息的数量和比例则显著较少。其次，大部分上市公司能够按照证监会的相关要求披露主要供应商/客户的合计采购/销售总额或比例等数据，但是愿意主动披露每一个供应商/客户的公司名称及交易金额等详细信息的情况则占比较少。最后，从 2001 年开始，选择披露供应商/客户详细信息的上市公司比例呈现波动上升趋势，尤其在 2009 年增长比例显著提高，这说明 2009 年证监会强化对供应商/客户信息披露的监管取得了较好的效果。

3.4 研究样本的分布情况及供应链上下游企业基本特征的统计分析

3.4.1 样本选择与数据来源

本书所用数据为上市公司公开披露的前五大供应商/客户数据，其他财务和公司治理数据均来自 CSMAR 数据库。结合前文中对上市公司的供应商/客户信息披露情况的统计，考虑到 2008 年前上市公司对前五大供应商/客户的披露较少，以及 2008 年全球金融危机事件的外生影响，本书截取 2008—2016 年沪深 A 股非金融行业上市公司年报中披露的前五大供应商/客户的信息作为初始样本，从中筛选出供应商和客户均为上市公司的配对组“供应商—客户/年”共 1844 个。在该样本中，共有 744 个供应商和 679 个客户。下面，本书对研究样本的年度与行业分布进行分析。

3.4.2 样本年度与行业分布情况

表 3－3、表 3－4 分别列示了本书研究样本中，“供应商—客户/年”配对组按照年度和行业的分布情况。如表 3－3 所示，“供

应商—客户/年”配对组在2008年数量较少，此后逐年递增，分别在2009年和2012年的增长速度较快，达到133组和335组，说明证监会在2009年和2012年强化供应商/客户信息披露的政策取得了较好的执行效果。表3-4中，根据供应商所在的行业进行分组后，可以发现本书样本主要集中在供应商为制造业领域中，共有1300个“供应商—客户/年”配对组[①]。鉴于此，本书又按照制造业内各二级行业对1300个制造业样本的分布进行统计，具体如表3-5所示。由表3-5可知，本书的研究样本中制造业样本以“计算机、通信和其他电子设备制造业”“化学原料及化学制品制造业”“汽车制造业”和“专用设备制造业”四类制造业二级行业为主，占比约43.38%。

表3-3　　研究样本的年度分布情况

年度	样本量
2008	41
2009	133
2010	199
2011	252
2012	335
2013	305[②]
2014	195
2015	193
2016	191
合计	1844

① 鉴于本书的研究样本主要集中于供应商为制造业的领域中，由于制造业内各二级行业的行业特征差异较大，为保证回归结果的可信性，本书在回归模型中对上市公司的二级行业代码进行了控制。同时，为保证回归结果的稳健性，后文中还将从（1）区分制造业和非制造业样本；（2）进一步区分制造业二级行业代码——两个层面进一步细分研究样本并进行实证检验。

② 由表3-3可知，本书研究样本中“供应商—客户/年”配对组在2012年最多（335组），从2013年后，“供应商—客户/年”配对组数大量减少。这可能是因为十八大以来，党内大力推动反腐倡廉斗争，使得上市公司更倾向于不自愿披露详细的前五大供应商/客户信息（如企业名称、交易额等），导致本书所得到的样本配对组数急剧减少。

表 3-4　　研究样本的行业分布情况

供应商所在行业	样本量	供应商所在行业	样本量
农、林、牧、渔业	14	信息运输、软件和信息技术服务业	86
采矿业	141	房地产业	50
制造业	1300	租赁和商务服务业	30
电力、热力、燃气及水生产和供应业	43	科学研究和技术服务业	16
建筑业	28	水利、环境和公共设施管理业	11
批发和零售业	51	文化、体育和娱乐业	12
交通运输、仓储和邮政业	54	综合	8
合计	1844		

表 3-5　　研究样本中制造业二级行业特征分布

供应商所在制造业二级行业	样本量	供应商所在制造业二级行业	样本量
C39（计算机、通信和其他电子设备制造业）	180	C22（造纸及纸制品业）	23
C26（化学原料及化学制品制造业）	141	C28（化学纤维制造业）	18
C36（汽车制造业）	126	C13（农副食品加工业）	18
C35（专用设备制造业）	117	C17（纺织业）	18
C34（通用设备制造业）	99	C14（食品制造业）	12
C27（医药制造业）	87	C18（纺织服装、服饰业）	12
C31（黑色金属冶炼及压延加工业）	84	C40（仪器仪表制造业）	10
C38（电气机械及器材制造业）	84	C37（铁路、船舶、航空航天和其他运输设备制造业）	7
C32（有色金属冶炼及压延加工业）	72	C41（其他制造业）	4
C29（橡胶和塑料制品业）	52	C15（酒、饮料和精制茶制造业）	3
C30（非金属矿物制品业）	49	C24（文教、工美、体育和娱乐用品制造业）	3
C25（石油加工、炼焦及核燃料加工业）	41	C19（皮革、毛皮、羽毛及其制品和制鞋业）	2

续表

供应商所在制造业二级行业	样本量	供应商所在制造业二级行业	样本量
C33（金属制品业）	36	C20（木材加工及木、竹、藤、棕、草制品业）	2
合计		1300	

3.4.3　供应商/客户基本特征分析

表 3-6 列示了本书的研究样本中供应商/客户的基本公司特征的描述性统计。由表 3-6 可知，客户的总资产（TOTALASSETS）和总市值（MV）的平均值分别为 80275.440 和 93856.450（以百万计），均显著大于供应商的公司规模。与较大的公司规模相适应，客户的营业收入（SALES）均值为 74919.950（以百万计），也显著大于供应商。这说明，我国供应链中客户的公司规模、市场地位及经济实力显著强于供应商，客户在供应链中享有主导优势和较强的议价能力。客户的市账率（MB）、资产负债率（LEV）、资产收益率（ROA）以及营业收入增长率（SALESGROWTH）则与供应商相差不多。49.6% 的样本中供应商为民营企业，39.9% 的样本中客户为民营企业。供应商和客户之间的交易强度比率均值为 5%。样本中 25% 的“供应商—客户”属于同一行业①。样本中，

① 本书对供应商和客户是否属于同一行业的判定依据为证监会发布的《上市公司行业分类指引（2012 年修订）》。如果供应商和客户属于由“2 位数字代码确定的同一大类行业（如 C17—纺织业、G53 铁路运输业等）”，则供应商和客户属于同一行业。在最终的“分析师 - 供应商—客户 - 盈余公告日”样本中，供应商和客户同属一个行业的样本占 25%，其中共有 461 个“供应商—客户/年”配对组。为帮助理解，在此举例说明：亚太股份（002284）是一汽轿车（000800）的重要供应商。依据证监会 2012 年的行业分类标准，二者同属于“C36—汽车制造业”。亚太股份的主营业务为生产汽车制动系统，为国内大型整车厂提供制动系统的零部件配套；一汽轿车则是大型整车制造企业，主营业务是开发、制造和销售整车。在这个例子中，亚太股份和一汽轿车虽然属于同一“汽车制造业”大类行业，然而如果进一步细分，却属于汽车制造产业链的上下游企业。

变量 DURATION 的均值为 2.195，说明平均而言“供应商—客户”关系连续保持两年以上。变量 CUST_INT 的均值为 0.377，表明机构投资者持股客户的比例较大，多在 30% 以上，机构投资者对客户的影响较大。

除了对供应商/客户的基本公司特征进行描述，表 3-6 中还统计了供应商和客户信息披露时间的分布情况。将“供应商—客户/年”配对组匹配上季度报告日期后，一共得到 6976 个“供应商—客户/季度报告日”配对组。变量 POST_CUSTEA 的均值为 0.49，表明 49% 的样本中供应商在客户之后发布季度报告。

表 3-6　　供应商/客户基本特征描述性统计

Panel A 供应商的公司特征变量						
变量	观测值	均值	中值	最小值	最大值	标准差
SUPP_TOTALASSETS	1844	33197.630	3805.875	320.615	1443130	169745.300
SUPP_MV	1844	35676.350	7226.037	837.705	1303990	155894.500
SUPP_MB	1844	1.082	0.735	0.102	5.345	1.044
SUPP_LEV	1844	0.455	0.459	0.044	0.973	0.220
SUPP_ROA	1844	0.038	0.037	-0.250	0.202	0.060
SUPP_SALES	1844	33366.650	2483.016	117.622	1725430	199328
SUPP_SALESGROWTH	1844	0.134	0.099	-0.494	1.702	0.318
SUPP_NONSOE	1844	0.496	0	0	1	0.500
Panel B 客户的公司特征变量						
变量	观测值	均值	中值	最小值	最大值	标准差
CUST_TOTALASSETS	1844	80275.440	7223.229	466.471	2168840	288807.100
CUST_MV	1844	93856.450	11839.520	1049.771	2535350	335246.300
CUST_MB	1844	1.335	0.943	0.116	6.116	1.184
CUST_LEV	1844	0.518	0.537	0.065	0.901	0.197
CUST_ROA	1844	0.040	0.037	-0.117	0.167	0.044
CUST_SALES	1844	74919.950	5231.640	170.049	2195300	312854.400
CUST_SALESGROWTH	1844	0.139	0.109	-0.411	1.592	0.286
CUST_NONSOE	1844	0.399	0	0	1	0.489
CUST_INT	1844	0.377	0.379	0.002	0.868	0.256

续表

Panel C 回归模型中的主要变量						
变量	观测值	均值	中值	最小值	最大值	标准差
SALES_RATIO	1844	0.050	0.030	0.0001	0.411	0.066
DISTANCE	1844	1047.708	722.765	0	9887.295	1559.875
COMIND	1844	0.250	0	0	1	0.433
DURATION	1844	2.195	2	1	11	1.640
POST_CUSTEA	6976	0.490	0	0	1	0.499

注：总资产（TOTALASSETS）、总市值（MV）、营业收入（SALES）以百万计。

3.5　本章小结

供应链中的客户信息传递根植于我国特殊的制度与现实背景，包括我国资本市场的发展及其独特特征、企业供应链的发展及其特征以及上市公司供应商/客户信息披露制度的制定与实施情况等。本章对这些制度与现实背景进行了较系统和深入的分析，以期帮助读者更好地理解后文第 4 章中对供应链中客户信息传递的理论分析。

本章立足于我国独特的制度与现实背景对全书研究的必要性以及可行性进行了论证。首先，与欧美等西方发达国家的成熟市场相比，我国的资本市场投资者结构整体以“散户为主”，分析师、机构投资者等专业的信息中介与投资者发展较弱，导致我国资本市场的有效性较弱，信息传递效率较低。其次，相较发达国家，我国产品市场的产业集中度整体较低，低效竞争与低效垄断并存，产能过剩较为严重。而且，我国企业供应链多以粗放型结构为主，存在稳定性差、协同程度较弱以及核心企业带动力不足等问题。再次，我国《新会计准则》以及供应商/客户信息披露制度的实施与完善，不仅提高了我国企业的会计信息披露质量，提高了会计信息对信息使用者的决策价值，而且为本书研究的可行性提供了制度和数据支持。考虑到这些制度与现实因素差异，我国企业供应链中的客户信息传递与美国等西方国家也可能存在显著不同，这间接说明本书对此进行检验并深入探究是十分有必要的。最后，本书通过统计分析发现，我国供应链中客户在规模、市场地位以及经济实力上均显著强于供应商，同时，激烈的产品市场竞争使得客户对供应商的选择空间更大，这两方面因素决定了供应链中客户处于优势地位并拥有较强的议价能力，这为后文第 4 章分析供应链中供应商和客户的权力结构及内在博弈，进而探究供应链中存在机会主义行为和信息不对称现象的根本原因提供现实与制度基础。

本书认为，对供应链中客户信息传递进行检验并探究其背后的理论逻辑，不仅有助于从财务会计角度认识并理解供应链中客户信息对供应商及其利益相关者的决策影响，为后续研究提供了一个系统的分析框架，而且也间接论证我国的相关政策（如对资本市场运行、实体经济发展的引导以及企业信息披露行为的管制等）的政策效果和实践意义——合理适度的政府调控有助于提高信息对信息使用者的决策有用性，进而从侧面表明我国政府发挥“看得见的手”功能、干预调控宏观经济运行的必要性和重要性。

第4章

企业供应链中客户信息传递的理论分析

本章首先分析供应链中客户信息传递的实际过程，并对其进行系统细致的作用路径分解，为后续具体的形成机制分析提供直观的实践背景和现实基础。其次，本章试图对供应链中客户信息传递的形成机制进行系统的理论分析（如图 4 – 1 所示），主要包括以下三部分内容：（1）基于前文梳理总结的理论基础与现有文献，结合我国实际的制度和现实背景，分析供应链中交易双方的权力结构和内在博弈，探究供应链中存在机会主义行为和信息不对称现象的根本原因，从而间接论证客户信息对供应商及其主要利益相关者的决策有用性。（2）筛选客户所披露的各类信息中与供应链研究相关性较强的信息类别，将其归纳为盈余信息、交易信息、治理信息以及网络信息四类，构建适用于供应链研究场景的、具有代表性的“客户信息集合”。（3）分析供应商及其主要利益相关者如何获取并利用客户信息进行决策。分别基于供应商内部管理者、资本市场信息中介和投资者等信息使用者的视角，提出“信息披露与监督、信息共享与利用、信息发现与解读”三条子作用路径及其综合经济后果——供应商投资者的市场反应。最后，本书还在后四章中对三条作用路径及其综合经济后果的合理性进行了实证检验。本章对各部分实证内容的内在逻辑进行阐释，以为后文实证环节进行铺垫。

4.1 企业供应链中客户信息传递的实际过程分解

根据利益相关者理论和信息的决策有用性理论，客户信息可以影响供应商及其主要利益相关者的决策，即为供应链中的客户信息传递。图4-1对供应链中客户信息传递的具体过程进行了详细刻画。下面我们分别从公司内部决策、资本市场信息中介以及投资者三个层面对图4-1中的各具体路径进行细致的阐述。首先，公司内部决策层面。过程①表明，客户信息会影响供应商的公司内部决策，如信息披露策略（短期决策）、研发创新（长期决策）等，进而影响供应商自身的信息披露（过程④、过程⑤）。其次，资本市场信息中介层面。本书重点针对分析师的信息中介功能进行研究。分析师在预测供应商盈余时，不仅会关注供应商自身披露的信息（过程⑥），同时还会考虑客户披露的信息（过程②）。最后，资本市场投资者层面。在预测供应商公司价值时，投资者不仅会对供应商自身披露的信息产生显著的市场反应（过程⑧），而且会关注客户披露的信息（过程③）。而且，作为专业的信息中介，分析师在资本市场中具有信息解读和信息发现功能，因而投资者也可以利用分析师发布的盈余预测获得更多更准确的信息（过程⑦）。

以苹果公司为例，苹果的成功部分归功于高效的研发创新，另一部分则归功于供应链管理的成功。苹果的供应链遍布全球，富士康、纬创、三星、夏普、索尼等来自多个国家的零部件加工企业均是苹果的供应商，供应链具有多元化和以客户需求为导向的特点。很多供应商50%以上的营业收入来自苹果，如Dialog Semiconductor

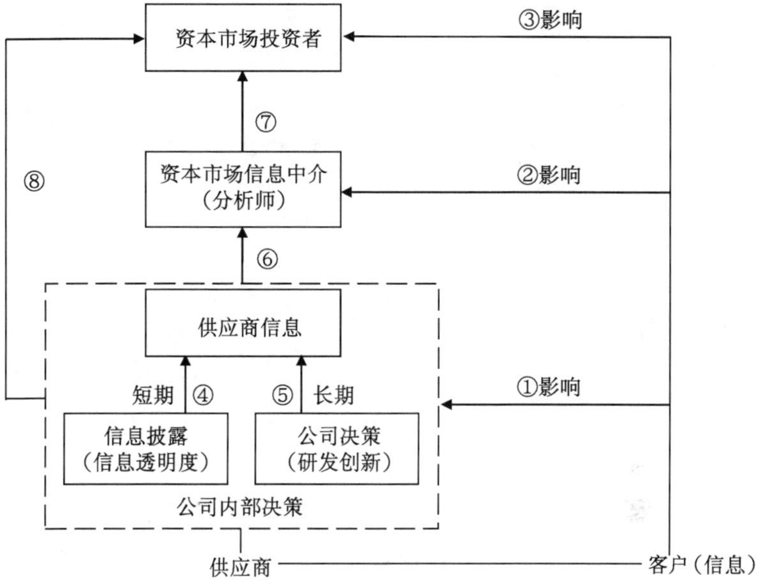

图 4－1　供应链中客户信息传递的实际过程分解

(74%)、Cirrus Logic (66%)、天准科技 (76.09%)、博众精工 (81.1%)[①] 等，由此形成苹果与供应商之间严重的依赖不对等局面。苹果在供应链中强大的话语权使得其可以影响供应商的库存管理、研发创新等短期或长期公司决策（过程①）。例如，为保障差异化战略与原料供应，苹果在供应商建厂时投入巨资，买断产能 6—36 个月，或者与供应商签订合同要求其减少对其他公司的订单。再比如，苹果注重以客户需求为导向的研发创新，为满足苹果的差异化产品需求，产业链的中游生产商和上游设备制造商必须大力进行研发投入，由此客户需求带动整个产业链的研发创新。苹果对上游供应商公司决策的影响，不仅会直接影响供应商的公司价

① 数据来源于《2018—2019 年苹果产业链分析报告》。搜狐财经，2019－09－16，2018—2019 年苹果产业链分析报告，https：//www.sohu.com/a/341137847_609238。

值，还会影响投资者、分析师等资本市场参与者对供应商的价值预测与评估（过程②、过程③）。苹果的利润或股价上涨，苹果产业链的中游零部件供应商或上游设备制造商、原材料供应商的股价也将全面看涨。以2019年为例，由于可穿戴设备及相关服务的业绩增长以及定价策略的改进，苹果股价全年上涨88.39%。分析师不仅上调了苹果的利润预期，紧跟着还上调了苹果产业链上的供应商利润预期。观察苹果产业链上的公司变化规律还可以发现，苹果股价与上游供应商股价基本遵循同升同降、一脉相承的涨跌规律。由此案例可以看出，苹果产业链中上下游企业基于信息传递形成统一的整体，牵一发而动全身，客户信息可以影响产业链上各供应商及其主要利益相关者的决策。

综上所述，本书利用图4－1和苹果产业链的案例，帮助读者对供应链中客户信息传递的具体过程有更直观的认识和了解，以便于更好地理解后文中所阐释的具体理论分析过程。

4.2 供应链中客户信息传递的形成机制分析

本节依循“客户信息对供应商及其主要利益相关者的决策有用性分析—客户信息集合—供应商及其主要利益相关者获取并利用客户信息进行决策的路径分析”的三环节逻辑链条对供应链中客户信息传递的形成机制进行系统的理论分析。具体而言，本节首先基于利益相关者理论、信息不对称理论以及我国供应链现状，分析了客户信息对供应商及其主要利益相关者的决策有用性。其次，本节依据客户信息是否对供应商及其主要利益相关者的决策有用这一判断标准，筛选归纳客户公开披露的财务报告信息中具有代表性的信息类别，构建客户信息集合。最后，本节提出客户信息影响供应商及其主要利益相关者决策的三条作用路径及其对投资者的综合经济后果，并详细分析了具体作用机制。

4.2.1　客户信息对供应商及其主要利益相关者的决策有用性分析

根据利益相关者理论，供应商和客户属于具有直接经济关系的重要利益相关者。作为两个相对独立的个体，供应商和客户的利益目标并不完全一致。结合前文对我国供应链现状的统计分析，客户的公司规模、市场地位以及经济实力等方面往往强于供应商，在供应链中占据主导地位。在供应链中“强客户—弱供应商”的交易关系模式下，客户的优势地位容易滋生机会主义行为（如谎报供需信息、压榨供应商等），进而造成供应链信息传递过程中的信息不对称（Cachon 和 Lariviere，2001）。客户信息披露可以影响供应链中的信息不对称，进而影响供应链中信息传递的有效性，最终影响供应商生产运营计划、销售业绩（Ozer 和 Wei，2006；Taylor 和 Xiao，2010；Chatfield 等，2004），甚至供应商的公司价值（Cheng 等，2014；Pandit 等，2010）。对供应商而言，有价值的客户信息不仅包括直接交易信息，如订单合同信息等，还包括可以反映客户运营及财务状况的间接交易信息，如“供应商—客户”双方在非正式场合下交流的私有信息以及客户公开披露的财务报告信息等（Ozer 等，2011；Radhakrishnan 等，2014）。客户公开披露的信息可以降低供应链中的信息不对称，有助于供应商及其主要利益相关者提前判断未来的销售业绩和盈利能力，预估供应商的公司价值。因此，客户信息对供应商及其主要利益相关者决策有用。

4.2.2　客户信息集合

本书采用了广义范畴的会计信息概念，具体是指通过会计记录和预测，以会计报告的形式向信息使用者传递的，反映会计主体过去、现在或将来的经营状况、财务状况，对投资、信贷以及其他类似决策有用的全部信息（FASB，1985）。结合供应链这一特定研究场景，本书筛选客户公开披露的信息中既具有代表性，又适用于供应链研究场景的信息类别，最终将其归纳为盈余信息、交易信息、治理信息和网络信息四类。下面，分别对每一类信息进行讨论。

（1）盈余信息

作为最重要、最综合的会计信息，盈余信息是信息使用者最关心的信息之一，会计盈余数据所提供的信息可以向外界传递公司发展前景的信号，引导资源配置，是会计领域中其他相关话题学术研究的基础和前提。Ball 和 Brown（1968）一文首次通过实证研究的方法验证盈余信息对公司估值的重要作用，开创了财务会计信息在资本市场领域研究的先河。此后，国外大量文献基于不同的视角、采用不同的研究方法和分析手段对盈余信息的决策有用性进行研究（Kothari，2001）。国内关于会计盈余信息的研究较国外稍晚一些。赵宇龙（1998）最早基于上海股市的数据对会计盈余信息披露的信息含量进行检验，认为中国股票市场中会计盈余数据对投资者决策有用。陈晓等（1999）利用沪深股市的数据，同样对 A 股盈余报告的有用性进行了检验，也得到了相似的结论。

鉴于供应商和客户之间供需交易关系的实质，盈余信息在供应链研究场景中尤为重要。供应商和客户的生产安排、销售状况和盈余变化显著相关（Cohen 和 Frazzini，2008）。如果客户的经营和发展前景较好，会增加其对供应商的产品需求，由此带动供应商业绩提升；如果客户未来的经营风险较大，盈利和现金流不稳定，供应商势必也会受到影响。因此，客户的盈余信息对供应商及其主要利益相关者决策有用。借鉴以往文献，本书对盈余信息的考察主要针对未预期盈余信息和盈余质量（赵宇龙，1998；陈晓等，1999；吴世农和吴超鹏，2005；魏明海，2005；王跃堂等，2001；程书强，2006）。

未预期盈余是学者检验盈余信息有用性的常用指标，可以有效度量会计盈余数据中蕴含的新的信息含量。本书采用两种方法计算未预期盈余：（1）随机游走模型，即用上年同期盈余作为本期盈余的预测值（吴世农和吴超鹏，2005）。本期的未预期盈余等于本期实际盈余与上年同期盈余之差除以股价。（2）分析师预测模型，即用实际盈余公告前分析师对公司每股盈余的一致预测值作为本期盈余的预测值（Hilary 和 Shen，2013；Guan 等，2015）。本期的未预期盈余等于本期实际盈余与分析师一致预测值之差除以股价。

盈余信息质量是盈余信息能否有效影响会计信息使用者决策行为的一个关键因素（魏明海，2005）。高质量的盈余信息可以为利益相关者提供更相关、更可靠的增量信息。本书利用可操控性应计额度量盈余质量，可操控性应计额的计算方法参考 Dechow 等（1995）一文。

（2）交易信息

在以供应链为研究场景的相关文献中，学者普遍将供应商和客户之间的交易关系作为需要考虑的一个重要影响因素（Patatoukas，2012；Raman 和 Shahrur，2008；魏明海等，2018）。

交易成本理论认为，长期交易关系的维系需要双方投入专用性资产，投入的专用性资产越多，关系破裂导致的转换成本越高，交易双方互相依赖的程度越高，彼此施加影响的可能性也越大（Williamson，1985）。因此，信息使用者可以利用交易信息推测供应商和客户为维系这段交易关系所付出的潜在成本，进而判断二者互相依赖、彼此影响的程度。

结合以往文献，本书主要从交易强度和稳定性两方面考察“供应商—客户”之间的交易关系状况。供应商和客户之间较高的交易强度和交易稳定性，可以向外界利益相关者传递二者之间较高的专用性资产和转换成本的信号，交易双方互相依赖、彼此影响的程度更深，客户信息可以为供应商及其主要利益相关者提供更相关、更重要的增量信息。借鉴已有文献，本书采用“供应商—客户”之间的交易额比例衡量交易强度（Patatoukas，2012；Hui 等，

2012)，采用“供应商—客户”关系连续存续的年数衡量交易稳定性（Raman 和 Shahrur，2008；Bauer 等，2018）。

（3）治理信息

公司治理是会计实证研究中的一个至关重要的问题。完善的公司治理机制有助于提升公司绩效、提高信息披露质量以及改善投融资效率等（Jensen 和 Meckling，1976；Grossman 和 Hart，1980；Shleifer 和 Vishny，1986；Bushman 和 Smith，2001）。公司披露的治理信息对利益相关者的决策有用（李姝，2007）。广义而言，公司治理是用以处理股东、债权人、管理层、员工、供应商和客户等利益相关者之间关系、降低代理成本以实现公司价值最大化的一整套过程和机制设计（钱颖一，1995）。在供应链中，占据优势地位的大客户的治理状况不仅会影响其自身的决策行为，还会影响“供应商—客户”之间的关系治理，甚至会对供应商的治理机制产生间接影响。因此，客户披露的治理信息对供应商及其主要利益相关者的决策也是有用的（Bushman 和 Smith，2001）。借鉴以往文献，本书主要从股权结构和治理环境两方面来衡量公司治理状况（Tian，2001；Sun 和 Tong，2003；陈晓和江东，2000；夏立军和方铁强，2005）。

股权结构是公司治理的基础，对公司的组织形式、经营模式以及运营效率都有十分重要的影响。早期关于公司治理的研究基本都围绕着股权结构展开，股权结构的相关研究是公司治理研究的源头（Berle 和 Means，1932；Bushman 和 Smith，2001）。结合我国的制度特点和现实背景，本书主要研究国有控股和机构投资者持股两种重要的股权结构特征。针对机构投资者，文献认为机构投资者持股也具有治理效应（Balsam 等，2002；程书强，2006；王琨和肖星，2005；吴先聪和刘星，2011）：一方面，机构投资者在信息挖掘和分析方面具有专业性，更容易分辨上市公司的好坏及其真实价值，持股决策更理性，资源配置更有效；另一方面，机构投资者同时兼具资金优势和信息优势，有动机也有能力对公司治理发挥积极的监督作用，提高整体治理效率。针对国有控股，文献认为国有控股也具有治理效应（薄仙慧和吴联生，2009；Sun 等，2002）：国有控股公司规模更大、更容易获得政府的各种财务和政治支持，且具有更为严苛的监管与事后惩罚机制，因而国有控股的治理效率更高，信息披露质量更高。

综上所述，本书认为客户的股权结构信息（如国有控股和机构投资者持股）和监管环境信息等公司治理信息对供应商及其主要利益相关者的决策可能产生影响。

（4）网络信息

任何经济组织或个人都与外界有一定的关系联结，各种关系联结相互交织形成多重、复杂、交叉重叠的社会网络（姚小涛和席酉民，2003）。网络中的组织或个人之间的关系如果是重复、相对固定且持续时间较长，则彼此之间的联系强度较高，具有明显的信息优势。在我国，企业之间可以基于产权、亲缘、地缘、学缘、业缘，以及各种战略投资、承销保荐、同行、商业合作等因素形成各种关系网络。关系网络内企业之间具有更强的信誉保证、较少的恶性摩擦以及互惠的合作关系，使得彼此间互相依赖、互相影响的程度加深，信息传递也更便利（魏明海等，2018）。基于供应链的研究场景，结合以往文献的研究结论，本书选取业缘网络和地缘网络信息研究其对供应商及其主要利益相关者的影响。

同行企业之间具有信息外部性。同行企业面临相同的行业环境和成长机会，具有类似的业务模式和会计实务操作（Lang 和 Stulz，1992；金智等，2011），同行内企业披露的信息不仅反映了自身的营运情况，还有助于投资者及其他信息使用者判断整个行业的发展前景。已有较多文献对同行内的信息传递进行研究，发现投资者对同行企业披露的盈余信息、破产信息和处罚信息的股票市场反应更为显著（Freeman，1992；金智等，2011）。若供应商和客户属于同一行业，二者基于交易和同行关系形成复合网络，同行客户披露的信息可以为投资者预测供应商价值提供更相关、更准确的增量信息。

事实上，同行企业间的信息传递存在两种可能的效应：同行效应和竞争效应。一方面，若同行企业之间不存在竞争关系，业绩同升同降，则二者信息互补，往往表现为正向的信息传递效应，即同行效应；另一方面，若同行企业之间存在相互竞争，业绩此升彼降，则二者之间往往表现为反向的信息传递效应，即竞争效应（Kim 等，2008）。但是，无论同行企业间存在互补抑或竞争的关系，结合已有文献的研究结论，本书均认为客户的同行业缘网络信息可以为供应商及其主要利益相关者的决策提供增量信息。

地理距离影响信息获取的成本。地缘信息优势假说认为，利益相关者与企业的地理位置越邻近，利益相关者收集和获取信息的成本越小，获得的信息含量越多、越准确，信息不对称程度越低。一方面，地理距离影响利益相关者评估公司价值，进而影响投资或其他决策行为。Baik 等（2010）的文章发现本地机构投资者更具有信息优势，可以获得更显著的超额回报。Bernile 等（2015）也得到了相似的结论。Malloy（2005）则针对分析师预测进行研究，发现与企业地理距离邻近的分析师盈余预测的准确度更高。另一方面，地理距离影响利益相关者参与并监督公司治理的有效性。Gaspar 和 Massa（2007）的研究支持了上述结论，他们发现本地投资者更容易发挥监督作用，进而改善公司治理状况。Kang 和 Kim（2008）发现地理距离邻近的并购方更有可能参与并购标的的公司治理。结合供应链研究场景，本书认为供应商和客户之间的地理网路距离信息对供应商及其主要利益相关者的决策可能产生影响。

综上所述，客户公开披露的财务报告可以为供应商及其主要利益相关者提供大量的决策有用信息，本小节主要从反映客户自身情况的信息（盈余信息和治理信息）以及描述“供应商—客户”关系状况的信息（交易信息和网络信息）两方面选出四类信息，以构建具有代表性的客户信息集合。当然，客户公开披露的信息中还存在很多可以指导供应商及其主要利益相关者决策的信息，本书在此就不逐一列举了。

4.2.3　供应商及其主要利益相关者获取并利用客户信息进行决策的路径分析

前文 4.2.1 中分析了我国企业供应链中客户信息传递的理论分析框架中的第一个环节——“客户信息对供应商及其主要利益相关者决策有用”，第二个环节中本书基于已有文献的研究结论，以“客户信息是否对供应商及其主要利益相关者的决策有用”为判断标准，筛选并构建了具有代表性的客户相关信息集合。但是，客户披露的信息究竟能否以及如何被供应商及其主要利益相关者获取，进而引导其决策行为依然是一个“黑箱”，尚需进一步分析讨论[①]。在本小节中，本书对供应链及其主要利益相关者获取并利用客户信息的决策过程和作用路径进行具体分析。

（1）路径一：信息披露与监督——客户信息影响供应商信息披露

根据利益相关者理论，供应商和客户是彼此存在经济依赖的利

① 根据利益相关者理论，供应商和客户是彼此存在经济依赖的利益相关者。大量文献发现，供应链中客户信息传递会影响供应商的企业行为，包括影响供应商的信息披露策略及信息质量（Ellis 等，2012；Cao 等，2013；Cen 等，2018；Hui 等，2011；Raman 和 Shahrur，2008）、存货管理（Radhakrishnan 等，2014）、融资行为（Dhaliwal 等，2015；Campello 和 Gao，2016）、现金持有和股利分配政策（Itzkowitz，2013；Wang，2012）、投资行为（Chen 等，2018；Johnson 等，2011）、并购（Bhattacharyya 和 Nain，2011；Shahrur，2005）、研发创新（Chu 等，2017；Dasgupta 等，2017）以及其他公司治理行为等（Fee 等，2006；Intintoli 等，2015）。在既考虑了研究框架的逻辑一致性和紧凑性，又确保研究话题具有一定的研究新意的前提下，本书重点实证探究客户信息对供应商信息披露和供应商研发创新两方面的影响。

益相关者。供应商为企业生产提供原材料、半成品等物料和服务，直接影响企业的库存管理、生产成本以及产品质量，从而影响企业的盈利能力和经营风险（Gavirneni 等，1999；Fee 和 Thomas，2004）。若供应商的生产运营不稳定，无法及时提供原材料，将连带影响客户的正常的生产和销售计划。为保障生产和销售，客户需要及时了解供应商的经营和财务状况，以判断其是否能正常运营并按时交付合同规定的产品或服务。除了直接交易信息（如采购订单等），客户还可以利用供应商的财务报告、盈利预测报告等其他公开披露的财务会计信息判断供应商的运营及财务状况。客户有动机监督并影响供应商的公开信息披露质量，主要表现在以下三方面：第一，客户可以利用供应商财务报告中披露的盈余信息评估供应商是否能如期履行短期订单任务。一般而言，与供应商签订合同并支付预付款项后，客户可能承担着供应商无法及时完成生产任务带来的供货风险和损失。供应商财务报告中披露的会计信息有助于客户预估供应商的生产能力，进而判断可能面临的短期交易风险。第二，客户可以利用供应商财务报告中披露的盈余信息评估是否可能与供应商建立长期稳定的隐性契约关系。交易成本理论认为，直接明确的合同规定很难完全规避长期供应链关系中可能遇到的各种风险或事项，因而供应商和客户之间往往倾向于通过建立隐性契约来维系长期交易关系（Williamson，1985；Raman 和 Shahrur，2008）。会计信息可以帮助客户进行声誉评估以判断是否能够与供应商建立长期隐性契约关系（Bowen 等，1995；Burgstahler 和 Dichev，1997）。第三，为维系与供应商之间的长期交易关系，客户可以根据会计信息判断是否进行关系专用性投资。当供应商与客户之间建立长期稳定的交易关系时，双方往往会针对特定的生产产品进行相关投资（如生产设备或销售渠道等），这些投资具有较强的关系专用性。一旦供应商的生产经营失常或陷入财务困境，客户将面临极大的转换成本（Switching Cost），甚至经营风险。因此，在决定进行关系专用性投资之前，客户有动机利用财报披露的会计信息了解供应商的长期财务和经营状况以预估其投资风险。综上所述，鉴于客户在供应链中处于优势地位并具有相对较高的议价能力，客户既有动机又有能力监督供应商提高信息披露质量，以缓解供应链中的信息不对称程度（Bowen 等，1995；Cen 等，2018；Hui 等，2012），进而可能影响投资者或分析师等其他主要利益相关者对供应商公司价值的预测和评估。从客户影响供应商信息披露行为的层面来看，客户的信息披露与监督，是供应链中客户信息传递的一条重要作用路径。

（2）路径二：信息共享与利用——客户信息影响供应商公司决策（以创新决策为切入点）

作为企业重要的外部利益相关者，大客户不仅会影响供应商的短期决策（如信息披露策略等），还会影响供应商的长期决策行为，如经营决策、投融资决策等。研发创新是企业一项极为重要的战略投资决策，客户需求为企业研发创新指明了方向。供应商可以利用供应链信息共享预估客户需求、未来发展趋势或前景以及供应链交易关系稳定性等，以判断是否进行研发创新。Chu 等（2017）发现地理距离邻近便于供应商和客户之间信息共享，有助于供应商创新。Dasgupta 等（2017）则发现若供应商和客户之间存在社会联系，供应链稳定性更强，信息共享便利，供应商的创新效率更高。已有文献或从地理距离，或从社会联系的角度对供应链中的信息传递进行侧面量度，发现供应商能够利用客户信息共享进行创新决策。总结而言，客户信息能够影响供应商的研发创新等长期决策行为，进而影响投资者、分析师或其他利益相关者对供应商公司价值的预测判断。从客户影响供应商研发创新等长期投资决策的层面来看，客户的信息共享与利用，是供应链中客户信息传递的第二条重要作用路径。

（3）路径三：信息发现与解读——客户信息影响供应商资本市场信息中介（分析师盈余预测）

作为外部信息来源之一，主要客户披露的信息既反映了其自身的经营发展和财务状况，也隐含着上游供应商甚至整个行业的发展前景，供应链中的客户信息传递有助于投资者、分析师等主要利益相关者预测供应商价值。在资本市场中，证券分析师既是信息使用者也是信息提供者，兼具信息发现和信息解读功能，尽可能地利用各种渠道搜集公司的相关信息并解读传递给其他外部信息使用者，有效连接上市公司内外部的信息沟通，提高资本市场的资源配置效率。供应链中上下游企业间信息互补，客户信息有助于分析师获得更多增量业绩信息，从而更及时、更准确地预测供应商盈余。从客户影响供应商分析师盈余预测的层面来看，分析师对客户信息的发现与解读，是供应链中客户信息传递的第三条重要作用路径。

（4）子路径的综合经济后果——客户信息影响供应商的股票市场反应

上文已经对供应链中客户信息传递的三条重要路径——“信息披露与监督、信息共享与利用以及信息发现与解读”进行了逻辑推演和理论论证，最后，从投资者的角度来看，投资者可以利用供应链中的客户信息传递预测供应商的未来盈余或公司价值。本书认为，客户信息经三条作用渠道汇合后可以为供应商的投资者提供更多、更相关、更准确的增量信息，进而引起供应商股票市场显著的市场反应。由此，从客户影响投资者投资决策的层面来看，客户信息引起供应商股票市场显著的市场反应，是供应链中客户信息经各子路径传递后的综合经济后果。

值得提出的是，正如图 4 - 1 供应链中客户信息传递的实际过程分解图所示，本书所分析的各条供应链中客户信息传递的作用路径存在明显的交互作用，具体解释如下：

首先，客户信息通过途径一——“信息披露与监督”影响供应商的信息披露质量，通过途径二——“信息共享与利用”影响供应商的公司长期决策，通过途径三——“信息发现与解读”影响供应商分析师的盈余预测。其次，分析师在预测供应商盈余时，不仅会搜集并利用来自客户的信息，同时还会关注供应商自身披露的信息（其中隐含途径一和途径二的综合作用效果）。最后，投资者对供应商的估值决策是所有作用路径中传递的信息含量的综合经济后果：投资者不仅会关注客户披露的信息、供应商自身披露的信息（途径一和途径二的综合作用效果），还会关注分析师对供应商的盈余预测（途径三的作用效果）。

综上所述，本小节详细分析了我国企业供应链中客户信息传递的理论分析框架中的第三个环节——“供应商及其主要利益相关者获取并利用客户信息进行决策的过程”。本书针对客户信息的两类主要使用者提出“信息披露与监督、信息共享与利用、信息发现与解读”三条作用路径，不仅对每条路径的存在合理性进行较为详细的逻辑推演和理论论证，而且对各条路径之间的相互关联、交互作用，以及共同作用的综合经济后果——供应商投资者的市场反应进行分析，构建了一个多路径相互交织的解释供应链中客户信息传递过程的理论分析框架。

4.3　供应链中客户信息传递路径的实证框架分析

为检验上述理论分析的合理性，本书对几类主要客户信息影响供应商及其主要利益相关者决策的三条作用路径及其综合经济后果进行了实证分析。如图 4－2 所示，本书从盈余信息、交易信息、治理信息以及网络信息四方面构建了客户信息集合，针对路径一——“信息披露与监督”，本书在第 5 章中实证检验了客户信息对供应商盈余信息披露质量的影响；针对路径二——“信息共享与利用”，本书以公司创新决策为切入点①，在第 6 章中实证检验了客户信息对供应商创新的影响；针对路径三——“信息发现与解读”，本书基于分析师在资本市场中的信息中介职能，在第 7 章中实证检验了客户信息对供应商分析师盈余预测效率的影响。为进一步探究企业供应链中客户信息经各子路径传递的综合经济后果，本书在第 8 章中实证检验了客户会计信息对供应商股票市场反应的影响。接下来，本节将对每部分实证分析的内在逻辑进行阐述，以便于更好地将前文理论分析与后文实证研究有机结合起来。

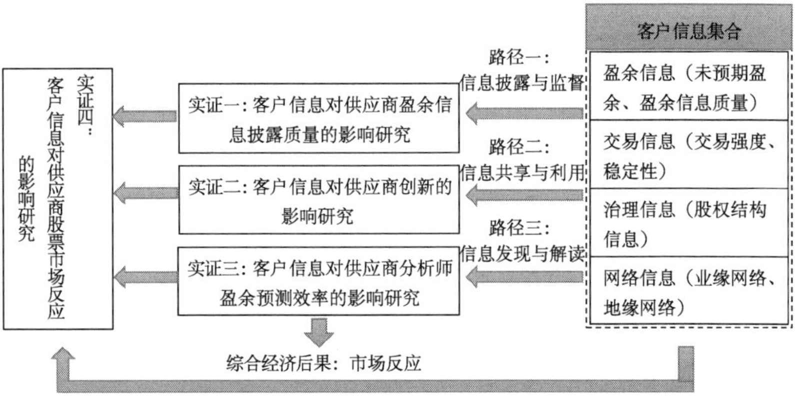

图 4－2　供应链中客户会计信息作用路径的实证分析思路图

① 如前文所述，供应链中客户信息传递会从多方面影响供应商的企业行为，如存货管理等内部经营决策、投融资行为，现金持有和股利分配政策、投融资行为以及公司治理活动等，这些都反映了供应链中客户信息会经由“信息共享与利用”路径影响供应商行为。近年来，我国政府大力鼓励企业创新，研发创新是企业一项十分重要的战略投资决策。已有文献从多个角度探究了影响企业研发创新的因素，但从供应链中客户信息传递的角度进行探究的文献则较少。考虑到研究问题的重要性和创新性，本书以研发创新为切入点，探究供应链中客户信息经由“信息共享与利用”路径影响供应商的企业行为。

4.3.1　实证一：客户信息对供应商盈余信息披露质量的影响研究（路径一检验）

客户会监督并影响供应商的盈余信息披露质量。下面，本书分别根据客户信息集合中各类信息所反映的客户特征，探究其影响供应商盈余信息披露质量的作用机制。

针对盈余信息，本书只考察客户盈余信息质量对供应商盈余信息披露质量的影响。首先，客户的盈余信息质量取决于信息披露的收益与成本：一方面，为保护商业机密等重要消息，防止信息泄露，客户倾向于隐藏消息，盈余信息质量随之较低；另一方面，为向外界利益相关者传递公司真实价值和发展前景的良好信号，客户又倾向于信息披露，盈余信息质量随之较高。其次，本书认为客户的盈余信息披露策略能传递到供应商处（Chen 等，2018）：一方面，大客户在供应链中的主导优势使其具有较强的议价能力，供应商会主动迎合客户需求而改变自己的信息披露策略；另一方面，大客户也可以利用供应链中信息传递的便利以监督供应商的信息披露。因此，本书预期，客户的盈余信息质量与供应商盈余信息披露质量可能正向相关。

针对交易信息，本书考察供应商和客户之间的交易强度和交易稳定性对供应商盈余信息披露质量的影响。交易成本理论认为，长期交易关系的维系需要交易双方投入较多的专用性资产，一旦交易关系破裂，交易双方将面临巨大的转换成本（Williamson，1985）。交易强度和交易稳定性反映了供应商和客户之间的关系专用性资产的投入情况，体现了交易双方的互相依赖程度以及交易破裂时的转换成本（Porter，1979；Patatoukas，2012）。交易强度越强、交易关系越稳定，供应商和客户为维系关系投入的专用性资产越多，交易破裂时面临的转换成本越大，交易双方的互相依赖程度越深，客户越有动机和能力监督并影响供应商信息披露策略。Hui 等

(2012) 的研究发现供应商对客户的依赖度越高，客户对供应商信息披露行为的影响越大，供应商的会计信息稳健性越高。Cen 等 (2018) 的文章也发现供应商对客户的依赖度越高，客户越容易影响供应商的信息披露策略。本书预期，“供应商—客户”之间的交易强度和交易稳定性与供应商盈余信息披露质量可能正向相关。

针对治理信息，本书考察股权结构中的机构投资者持股客户和国有控股客户对供应商盈余信息披露质量的影响。机构投资者信息挖掘和分析的能力较强，不仅具有价值发现功能，而且有能力也有动机监督并参与被投资企业的公司治理（Shleifer 和 Vishny，1997；Grossman 和 Hart，1980）。因此，机构投资者持股客户的规模更大、业绩更好，公司治理更完善、信息披露质量更高，更有能力和动机监督并影响供应商的信息披露质量。与机构投资者持股客户影响供应商信息披露质量的机制一致，国有控股客户也具有更强的能力和动机监督并影响供应商信息披露质量。首先，国有控股客户更容易获得政府的政治或财务支持（Qian，1994），规模更大，市场竞争力和影响力更高。其次，国有控股客户需要承担更多的社会责任，而非单纯地以营利为首要目的；同时，政府对国有控股客户的监管政策和惩罚机制更强，导致国有控股客户的容错率更低、更谨慎，因此国有控股客户具有较低的盈余操纵动机，信息披露机制更完善（夏冬林和李刚，2008；薄仙慧和吴联生，2009；程书强，2006）。本书预期，国有控股客户和机构投资者持股客户的供应商盈余信息披露质量可能更高。

针对网络信息，本书考察地缘网络信息对供应商盈余信息披露质量的影响。地理距离影响信息获取成本，进而影响供应商盈余信息披露质量。一方面，供应商和客户之间的地理距离邻近便于客户及时了解供应商需求并给予相关指导，保证供应商的供货时间和产品质量；另一方面，供应商和客户之间的地理距离邻近又有助于客户实地考察供应商的生产运营和财务状况，监督并影响供应商的信息披露质量。因此，本书预期供应商和客户之间的地理距离可能影响供应商盈余信息披露质量。

总结而言，客户披露的各类信息均可能影响供应商的盈余信息披露质量。虽然各自细分的作用机制不同，但都以不同的方式借助客户自身在供应链中的主导优势监督并影响供应商的盈余信息披露质量，进而影响投资者对供应商的股票市场反应。信息披露与监督是供应链中客户信息传递的一条作用路径。

4.3.2　实证二：客户信息对供应商创新的影响研究（路径二检验）

客户为供应商研发创新提供了动力和方向，供应链中客户信息共享是供应商研发创新决策的重要信息来源。针对所构建的信息集合中的各类客户信息，本书分别探究其对供应商创新的影响。

首先，本书探究客户盈余信息质量对供应商创新的影响。在供应链中，客户盈余信息不仅反映了客户自身的经营及发展前景，也暗含着整个供应链的产品销售状况和行业发展前景。Radhakrishnan 等（2014）和 Chen 等（2018）的研究分别发现供应链中客户信息披露质量越高，供应商的经营决策和投资决策效率越高。鉴于供应商和客户本质上属于交易关系，客户盈余信息对供应商创新决策的有用性更强。由此本书重点探究客户盈余信息质量对供应商创新的影响。客户盈余信息质量越高，经由供应链传递到供应商处有价值的信息含量越多，有助于供应商预测评估未来的发展趋势和经营状况，研发投资的目的性更强，创新产出的效率更高。本书预期客户的盈余信息质量可能与供应商创新显著正相关。

供应商和客户之间的交易关系强度和稳定性也会显著影响供应商创新。企业研发创新具有高风险性的特点，供应链中交易关系的紧密度和稳定性有助于供应商研发创新。首先，供应商和客户之间的交易关系越强、越稳定，供应商越愿意为维系供应链关系投入专用性资产，进行研发创新的动机和意愿更强。其次，紧密稳定的交易关系便于双方信息沟通，可以提高产品研发过程中供需双方的交流频率和深度，降低企业面临的技术风险，提高创新成功率。最后，紧密稳定的交易关系有助于交易双方互相监督，降低机会主义行为，为供应商提供更高效透明的研发创新环境。Dasgupta 等（2017）的研究也发现，稳定的供应链交易关系能有效促进供应商研发创新。本书预期，供应商和客户之间的交易关系越强、越稳定，越可能有效促进供应商创新。

客户治理状况不仅直接作用于客户自身的信息披露质量，还会影响“供应商—客户”关系治理。本书重点从股权结构的维度衡量客户的治理状况对供应商创新的影响。

当客户为机构投资者持股时，供应商研发创新更有效。首先，机构投资者具有价值发现功能，所投资客户的业绩和发展前景更好，对供应商影响更大，更有能力影响供应商创新。其次，机构投资者的持股规模较大，又拥有专业的信息挖掘和信息分析能力，既有动机又有能力监督并改善客户的公司治理。较好的客户公司治理不仅可以提高客户的信息披露质量，缓解供应链中的信息不对称，而且可以抑制客户的机会主义行为，增强供应链交易关系的稳定性，进而有效促进供应商创新。由此本书推测，若客户为机构投资者持股，可能更有助于供应商创新。

供应商和客户之间的地理距离也可能会影响供应商创新。Chu 等（2017）的研究认为，供应商和客户之间的地理距离影响供应链中信息传递的难易程度。供应商和客户之间地理距离邻近，不仅有助于维系长期稳定的交易关系，而且便于信息共享，及时了解研发需求和合作过程中遇到的技术瓶颈，降低合作过程中的成本耗费以及研发风险，提高供应商的研发创新效率。本书预期，供应商和客户之间地理距离邻近有助于供应链中客户信息传递，可能会有效促进供应商创新。

综上所述，客户共享的各类信息可以反映不同的客户或“供应商—客户”关系特征，供应商可以利用这些信息对未来客户需求以及发展趋势做出判断，有所选择地进行研发创新，提高创新产出的效率，提升供应商整体公司价值。客户的信息共享与利用是供应链中客户信息传递的一条重要作用路径。

4.3.3　实证三：客户信息对供应商分析师盈余预测效率的影响研究（路径三检验）

客户信息可能为分析师预测供应商盈余提供更多、更相关的增量信息。下面本书分别阐述所构建的客户信息集合中各类信息如何影响供应商分析师盈余预测效率的具体作用机制。

针对盈余信息，本书考察客户未预期盈余和盈余信息质量对供应商分析师盈余预测效率的影响。客户盈余与供应商盈余显著正相关，客户的盈余信息暗含着供应商盈余的潜在变化方向和幅度（Cohen 和 Frazzini，2008）。客户的未预期盈余较大、盈余信息质量较高，客户盈余与供应商盈余相关性更强，客户信息可以为分析师预测供应商盈余提供更多、更准确的增量信息，缓解信息不对称，既有利于供应商分析师及时修正盈余预测，又有利于提高修正后的预测准确度。因此，本书预期客户的盈余信息可能有助于提高供应商分析师的盈余预测效率。

针对交易信息，本书考察供应商和客户之间的交易强度和交易稳定性对供应商分析师盈余预测效率的影响。资产专用性理论认为，交易强度越强、交易关系越稳定，供应商和客户为维系关系投入的专用性资产越多，交易破裂时面临的转换成本越大，交易双方互相依赖和影响的程度越深。本书认为交易强度和交易稳定性主要从以下两方面促进供应商分析师的盈余预测效率。首先，交易强度大且稳定的客户信息与供应商更相关。其次，根据上文第一条途径的理论分析过程，交易强度大且稳定的“供应商—客户”关系，便于交易双方彼此监督，抑制机会主义行为，降低盈余操纵的可能性，信息披露质量更高。综上所述，交易强度高、交易关系稳定的客户信息可以为分析师预测供应商盈余提供更相关、更准确的增量信息，有利于提高供应商分析师根据客户信息修正预测的反应速度和修正后的预测准确度。因此，本书预期客户的交易信息可能有助于提高供应商分析师的盈余预测效率。

针对治理信息，本书考察股权结构信息对供应商分析师盈余预测效率的影响，股权结构信息主要包括国有控股和机构投资者持股。机构投资者拥有专业的分析团队和丰富的信息获取渠道，同时兼任价值发现和参与治理的重要角色。一方面，机构投资者持股的客户规模更大、业绩更好；另一方面，机构投资者持股的客户公司治理更完善，信息披露质量更高。因此，机构投资者持股的客户信息与供应商盈余更相关，更有助于提高供应商分析师的盈余预测效率。与机构投资者持股客户影响供应商分析师盈余预测的机制一致，国有控股客户也能为分析师预测供应商盈余提供更多、更准确、更相关的增量信息。相较民营企业，国有控股客户披露的信息更有助于分析师预测供应商盈余。一方面，国有控股客户的规模更大、业绩更稳定，更容易与供应商形成长期稳定的交易关系；另一方面，国有企业并非单纯以业绩为考核标准，需要承担更多的社会责任，而且受到的监管与事后惩罚机制更为严苛，进行盈余操纵的动机相对较低，信息披露质量更高。因此，国有控股客户可以为供应商分析师提供更相关、更准确的增量信息，有助于提高供应商分析师的盈余预测效率。本书预期客户的治理信息也可能有助于提高供应商分析师的盈余预测效率。

针对网络信息，本书考察业缘网络信息和地缘网络信息对供应商分析师盈余预测效率的影响。企业之间往往基于股权、业缘、地缘或其他形式的关联交织形成紧密的网络结构。若供应商和客户属于同一行业，一方面，交易双方面临相同的行业环境和成长机会，具有相似的业务模式和会计实务操作（Lang 和 Stulz，1992；金智等，2011），分析师对同行客户信息的搜集和解读成本更低；另一方面，同行内的信息沟通和交流成本更低，便于供应商和客户互相监督，提高信息披露质量。因此，本书认为，同行客户可以为供应商分析师提供更相关、更准确的增量信息，提高供应商分析师的盈余预测效率。基于地缘形成的地缘网络是企业之间网络结构的另一种形式。地理距离影响信息的获取成本。地缘信息优势降低信息沟通成本，便于供应商和客户互相监督，抑制机会主义行为，提高信息披露质量；同时，地理距离邻近可能降低分析师获取信息的成本，进而提高供应商分析师的盈余预测效率。

总结而言，利用资本市场信息中介——分析师的信息发现与解读功能，客户披露的各类信息能够为分析师预测供应商盈余提供更多、更相关、更准确的增量信息，进而提高供应商分析师的盈余预测效率。分析师的信息发现与解读是供应链中客户信息传递的一条重要作用路径。

4.3.4　实证四：客户信息对供应商股票市场反应的影响研究（综合经济后果的检验）

在对供应链中客户信息传递的三条重要作用路径逐一进行实证检验后，本书最后对各路径的综合作用效果——客户信息是否会影响供应商的股票市场反应进行了实证检验。投资者可以利用供应链中的客户信息传递预测供应商的未来盈余或公司价值。本书基于对客户信息能否为供应商投资者提供更多、更相关、更准确的增量信息的理论分析，分别阐述客户信息集合中各类信息影响供应商投资者的股票市场反应的具体作用机制。

鉴于供应商和客户之间供需关系的实质，供应商投资者可能先关注的是客户的盈余信息和交易信息。针对盈余信息，本书考察客户未预期盈余和盈余信息质量对供应商股票市场反应的影响。首先，供应商和客户的经营活动和盈余变化存在显著的依存关系；其次，供应商投资者确实能够注意到“供应商—客户”之间的经济联系并会利用客户信息对供应商进行估值（Cohen 和 Frazzini，2008；魏明海等，2018）。客户的未预期盈余越大、盈余信息质量越高，投资者对客户信息的关注度越高，客户信息为投资者预测供应商价值提供的增量信息含量越多、越准确，供应商的股票市场反应越大。针对交易信息，本书考察供应商和客户之间的交易强度和交易稳定性对供应商股票市场反应的影响。首先，交易强度和交易稳定性影响供应商或客户的信息披露质量；其次，交易强度和交易稳定性影响客户信息对供应商价值预测的有用性，进而影响投资者对客户信息的关注程度。交易强度和稳定性越高，客户信息越能为供应商投资者提供相关、准确的增量信息，供应商的股票市场反应越大。本书预期客户的盈余信息和交易信息可能有助于投资者预测供应商的股票价值。

针对治理信息，本书考察客户股权结构信息对供应商股票市场反应的影响，主要客户的机构投资者持股比例以及国有控股信息。客户的治理状况不仅会影响客户的信息披露质量，还会影响“供应商—客户”之间的关系治理。机构投资者一般具有较大的持股规模，且拥有丰富的信息来源和专业的研究团队，便于信息获取和信息解读，既有能力又有需求监督并参与客户的公司治理，抑制机会主义行为，提高信息披露质量。与机构投资者持股的治理效用一致，国有控股也有助于改善客户治理。国有企业规模较大，更容易获得政府提供的各种财务和政治支持，经营目标更多关注社会责任的承担而非单纯的经营业绩，而且具有严苛的监管与事后惩罚机制，因此国有控股客户的盈余操纵动机较弱，信息披露质量更高。因此，机构投资者持股或国有控股的客户能够为投资者预测供应商价值提供更相关、更准确的增量信息，供应商的股票市场反应更大。客户的治理信息对供应商投资者的投资决策可能产生影响。

针对网络信息，本书主要研究业缘网络和地缘网络两种形式的社会网络信息对供应商股票市场反应的影响。同行企业之间具有信息外部性。若供应商和客户属于同一行业，二者具有相同的行业环境和成长机会、相似的业务模式和会计实务操作，有助于投资者提高对客户信息的理解及关注度，供应商投资者的股票市场反应更大。若供应商和客户之间的地理距离相隔较近，降低了彼此信息沟通的成本，信息披露的质量更高，客户信息能够为供应商投资者提供更相关、更准确的增量信息，供应商对客户的股票市场反应更强。本书预期，业缘网络信息和地缘网络信息对供应商投资者的投资可能产生影响。

总体而言，基于前文关于客户披露的信息影响供应商及其主要利益相关者决策的理论论证，本小节从投资者市场反应的角度分析了供应链中客户信息对供应商的总体信息含量，本小节是对前文剖析分解的三条供应链中客户信息传递路径的综合性分析讨论。

4.4　本章小结

本章的目的在于对供应链中客户信息传递进行系统的理论分析。首先，本章结合我国的制度和现实背景，逐层分解并剖析了供应链中客户信息传递的实际作用过程，以提供一个理解我国供应链中客户信息传递的直观印象。其次，本书开始正式进行具体的理论分析。本书提出的供应链中客户信息传递的理论分析框架主要指以下三个环节所构成的逻辑链条——客户信息对供应商及其主要利益相关者的决策有用性分析——客户信息集合——供应商及其主要利益相关者获取并利用客户信息进行决策的路径分析。本书认为：(1) 供应商和客户之间的利益目标不一致以及相差悬殊的议价能力，容易滋生机会主义行为，进而导致的供应链中信息不对称是客户信息对供应商及其主要利益相关者决策有用的根本原因。(2) 客户公开披露的信息有助于供应商及其主要利益相关者的决策判断，本书重点筛选归纳了盈余信息、交易信息、治理信息以及网络信息四类信息以构建具有代表性的“客户信息集合”。(3) 从供应商自身及不同利益相关者的角度提出三条作用路径——信息披露与监督、信息共享与利用、信息发现与解读，相互关联、彼此影响，客户信息经三条子路径的传递共同影响供应商投资者的投资估值过程。最后，本书在上述理论分析的基础上，从实证分析的角度对三条作用路径及其综合经济后果的内在逻辑合理性进行阐释，为后文的实证环节做了铺垫。

第5章

客户信息对供应商盈余信息披露质量的影响研究

本章探究客户信息是否会影响供应商的盈余信息披露质量及其具体的影响证据。第 4 章理论分析中本书认为“信息披露与监督”是供应商及其主要利益相关者获取并利用客户信息进行决策的作用路径之一，本章对此作用路径的合理性进行实证检验。

5.1　研究问题的提出

企业是所有利益相关者之间的一系列多边契约的结合（Freeman 和 Evan，1990），供应商和客户是以交易关系为基础，对企业的采购和销售有直接经济影响的利益相关者。作为上游供货方，供应商的供货能力和产品定价可以影响客户的库存管理、生产计划和销售成本，进而影响客户的盈利能力和发展前景。一旦供应商违约，客户也将被迫面临极大的经营风险。在决定是否与供应商签订短期买卖合同甚至建立长期交易关系时，客户需要及时了解供应商的运营及财务状况，以判断供应商能否如期履行合同约定，预估供应商的违约风险。基于客户在供应链中占据主导优势，供应商往往会主动提高信息披露质量以迎合客户需求，因此客户既有动机又有能力影响供应商的信息披露策略。

近年来国内外学者对供应链中客户是否会影响供应商信息披露进行了较多研究，如会计稳健性（Hui 等，2012）、盈余管理（Raman 和 Shahrur，2008；方红星和张勇，2016）、自愿披露（Cao 等，2013；Cen 等，2018）以及其他披露策略（Chen 等，2019）等。基于已有文献，并结合本章的具体研究情境，本章提出以下研究问题：我国企业供应链中客户信息会如何影响供应商的盈余信息披露质量？结合研究背景，本书筛选客户公开披露的信息中既具有代表性又适用于供应链研究场景的信息类别，系统探讨客户的盈余信息质量、交易信息、治理信息以及地缘网络信息四方面因素对供应商盈余信息披露质量的影响。鉴于供应商和客户之间供需交易关系的实质，盈余信息和交易信息是信息使用者最关心的信息之一，在供应链研究场景中尤为重要。客户的治理状况不仅可以影响自身的决策行为，还会影响“供应商—客户”之间的关系治理，进而影响供应商的信息披露质量。任何经济组织或个人都与外界有一定的关系联结，各种关系联结相互交织形成多重、复杂、交叉重叠的社会网络（姚小涛和席酉民，2003）。网络信息反映供应商和客户之间的潜在关系状况，因而本书选取同行网络信息和地缘网络信息，从行业和地理距离两方面探究其对供应商及其利益相关者决策的影响。本书尝试从客户影响供应商信息披露策略的层面揭示出一条供应商及其主要利益相关者获取并利用客户信息进行决策的重要作用渠道。

本章余下内容安排如下：第二部分对客户信息影响供应商信息披露的相关文献进行回顾，在此基础上，对客户信息是否会影响供应商盈余信息披露质量进行理论分析并假设；第三部分为本章的具体研究设计；第四部分为本章的具体回归结果，并进行讨论分析；最后进行总结。

5.2　理论分析与研究假设的提出

根据利益相关者理论，供应商和客户之间存在紧密的经济依赖和互相影响。供应商为企业生产提供原材料、半成品等物料和服务，可以直接影响企业的库存管理、生产成本以及产品质量，从而影响企业的盈利能力和经营风险（Gavirneni 等，1999；Fee 和 Thomas，2004）。若供应商的生产运营不稳定，客户将面临原材料短缺风险，进而影响其正常生产计划和供货周期。为保障生产，客户需要及时了解供应商的生产运营情况，以判断其是否能按时交付合同规定的产品或服务。对客户而言，有价值的供应商信息不仅包括直接交易信息，如采购订单信息等，还包括可以反映供应商运营及财务状况的间接交易信息，如供应商公开披露的财报信息、盈余预测报告，以及“供应商—客户”双方在非正式场合下交流的私有信息等（Ozer 等，2011；Radhakrishnan 等，2014）。客户有动机要求供应商提高信息披露质量，进而缓解“供应商—客户”关系中的信息不对称（Hui 等，2012），主要表现为以下三方面：首先，客户可以利用供应商财报中披露的盈余信息评估供应商是否能如期履行短期订单任务。一般而言，与供应商签订合同并支付预付款项后，客户可能承担着供应商无法及时完成生产任务带来的供货风险和损失。供应商财务报告中披露的会计信息有助于客户预估供应商的生产能力，进而判断可能面临的短期交易风险。其次，客户可以利用供应商财报中披露的盈余信息评估是否可能与供应商建立长期稳定的隐性契约关系。交易成本理论认为，直接明确的合同规定很难完全规避长期供应链关系中可能遇到的各种风险或事项，因而供应商和客户之间往往倾向于通过建立隐性契约来维系长期交易关系（Williamson，1985；Raman 和 Shahrur，2008）。会计信息可以帮助客户进行声誉评估以判断供应商是否能够履行隐性契约。Bowen 等（1995）及 Burgstahler 和 Dichev（1997）的研究认为财务报告披露的会计盈余信息可以帮助供应商或客户评估与企业构建长期隐性契约关系的可能性。最后，为维系与供应商之间的长期交易关系，客户可以根据财务会计信息判断是否进行关系专用性投资。当供应商与客户之间建立长期稳定的交易关系时，双方往往会针对特定的生产产品进行相关投资（如生产设备或销售渠道等），这些投资具有较强的关系专用性。一旦供应商的生产经营失常或陷入财务困境，客户将面临极大的转换成本（Switching Cost），甚至经营风险。因此，在决定进行关系专用性投资之前，客户有动机利用财报披露的会计信息了解供应商的长期财务和经营状况以预估其投资风险。综上，客户需要利用供应商披露的财务会计信息进行交易和投资决策，鉴于其在供应链中处于优势地位并具有相对较高的议价能力，客户既有动机又有能力监督供应商提高信息披露质量，以缓解供应链中的信息不对称（Bowen 等，1995；Cen 等，2018）。

较多文献立足于交易成本理论和关系专用性投资理论，分别从会计稳健性、盈余管理和其他信息披露策略等方面探究客户对供应商信息披露质量的影响。Bowen 等（1995）的文章认为，大客户需要利用供应商披露的财务会计信息评估供应商的生产经营能力和财务状况，从而决定是否进行专用性资产投资行为，因而客户有较强动机监督供应商提高信息披露质量。针对会计信息稳健性，Hui 等（2012）认为大客户倾向于供应商提供相对稳健的会计信息，因此客户的议价能力越强，供应商的会计信息稳健性越高。Raman 和 Shahrur（2008）则研究了客户是否会影响供应商盈余管理，发现若供应商相对于客户处于弱势地位时，供应商的盈余管理程度较低。还有部分文献研究了大客户对供应商信息披露策略的影响。Cao 等（2013）通过检验公司对大客户的依赖是否可以影响公司发布管理层盈余预测报告，发现大客户可以显著影响供应商的自愿披露行为。Cen 等（2018）则研究当供应链交易关系面临终止风险时（如第三方向供应商提起诉讼），大客户对供应商关于诉讼事项的披露策略是否存在显著影响。他们的文章发现，对客户依赖度较高的供应商倾向于隐藏诉讼坏消息、及时披露诉讼好消息，这与 Hui 等（2012）的研究结论相反。Chen 等（2019）从客户倾向于保护知识或其他高价值信息的角度切入，研究客户对供应商信息披露行为的影响，发现大客户的信息保护策略可以传递到供应商。国内学者对此方面的研究则较少。方红星和张勇（2016）研究了客户集中度对供应商盈余管理行为的影响，发现客户集中度越高，供应商的盈余管理程度越高。

基于以往文献的研究，本章从多个角度较为完整地探究客户会计信息如何影响供应商的信息披露行为。鉴于供应链中企业间的基本关系是交易关系，盈余信息又是判断企业交易情况和财务状况的基本信息，因此本章探究客户信息对供应商盈余信息披露质量的影响。具体而言，结合前文的理论分析，本章主要从客户的盈余信息质量、交易信息、治理信息以及地缘网络信息四方面探讨客户信息对供应商盈余信息披露质量的影响。

本章首先检验客户的盈余信息质量如何影响供应商的盈余信息披露质量。信息披露的收益与成本是客户披露决策的主要依据。一方面，为保护重要信息、防止信息泄露，客户倾向于隐藏信息；另一方面，信息披露又可以向外界利益相关者传递公司价值和发展前景的信号，因此客户也可能倾向于利用信息披露的信号作用，提高信息披露质量。利益相关者理论认为，大客户在供应链中具有强议价能力，供应商对其的依赖程度较高。在供应链中，供应商会主动迎合客户需求而改变自己的信息披露策略，同时，利用供应链中信息传递的便利，有议价能力的大客户也可能对供应商的信息披露施以监督，因此大客户的信息披露策略可以传递到供应商（Chen 等，2019）。本章预期，客户的盈余信息质量越高，供应商的盈余信息披露质量也可能越高；客户的盈余信息质量越低，供应商的盈余信息披露质量也越低。供应商的盈余信息披露质量与客户的盈余信息质量可能显著正相关，由此提出假设 H5－1。

H5－1：其他条件一定时，客户的盈余信息质量与供应商的盈余信息披露质量显著正相关。

其次，针对供应商和客户之间的交易信息，本章检验交易强度和交易稳定性是否会显著影响供应商盈余信息披露质量。供应商和客户之间的交易强度和交易稳定性影响二者之间的关系专用性投资，进而影响交易双方的转换成本（Switching Cost）以及互相依赖程度（Porter，1979；Patatoukas，2012）。供应商和客户之间的交易强度和交易稳定性越高，供应链关系越紧密、维系周期越长。交易成本理论认为，长期交易关系的维系需要交易双方投入较多的专用性资产，一旦交易关系破裂，交易双方将面临较高的转换成本（Williamson，1985）。为规避风险、降低信息不对称，客户有更强烈的动机监督供应商提高信息披露质量，并据此预估供应商实现合同承诺的能力，以决定是否与供应商建立长期契约关系。供应商对客户的依赖程度越高，客户的议价能力越强，客户要求供应商提高信息质量的动机和能力越强烈。Hui 等（2012）发现供应商对客户的依赖度越高，客户对供应商信息披露行为的影响越大，供应商的会计信息稳健性越高。Cen 等（2018）的文章也发现供应商对客户的依赖度越高，客户越容易影响供应商的信息披露策略。因此本章预期，在客户盈余信息质量一定时，供应商和客户之间的交易强度越大、交易稳定性越高，供应商的盈余信息披露质量也可能越高，由此提出假设 H5－2a 和假设 H5－2b。

H5－2a：其他条件一定时，供应商和客户之间的交易强度越大，供应商的盈余信息披露质量越高。

H5－2b：其他条件一定时，供应商和客户之间的交易越稳定，供应商的盈余信息披露质量越高。

针对治理信息，本章主要研究客户的机构投资者持股和国有产权属性如何影响供应商的信息披露质量。

相较于一般中小投资者，机构投资者不仅具有价值发现功能，而且会积极参与公司治理。首先，机构投资者拥有专业的研究团队，搜集并分析信息的渠道和能力丰富，往往会投资市场价值高、业绩前景好的企业。其次，机构投资者的投资规模较大，既有动机又有能力积极参与并监督公司治理（Shleifer 和 Vishny，1997；Grossman 和 Hart，1980）。较多文献针对机构投资者参与公司治理的效果进行了研究（Wahal 和 McConnell，2000；Chung 等，2002；Hartzell 和 Starks，2003；王琨和肖星，2005；薄仙慧和吴联生，2009；李维安和李滨，2008）。部分文献认为机构投资者可以监督并抑制公司管理层的盈余操纵行为，降低可操控性应计，进而提高被投资公司的信息质量（夏冬林和李刚，2008；薄仙慧和吴联生，2009；程书强，2006）。综上所述，一方面，机构投资者持股客户的规模更大、业绩更好，更有能力利用供应链中的信息传递监督供应商的盈余信息披露质量；另一方面，机构投资者持股客户的公司治理更完善，信息披露质量更高，可以通过供应链传递影响上游供应商的公司治理，进而提高供应商的盈余信息质量。因此，机构投资者持股客户会影响供应商的盈余信息披露质量，机构投资者持股比例越高，供应商的盈余信息披露质量可能也越高。

与机构投资者持股客户影响供应商盈余信息披露质量的机制类似，国有控股客户也可能会影响供应商的盈余信息质量。一方面，国有控股客户受到政府支持更多（Qian，1994），更容易获得各种政治或财务资源（如贷款优惠、政府补贴等），因而国有控股客户往往具有更大规模，市场竞争力和影响力也更大。另一方面，无论民营企业抑或国有企业都普遍存在委托代理问题，政府对国有企业更强的监管政策和惩罚机制导致国有企业的容错率更低、更谨慎，因此国有控股客户的治理效果可能更好，信息披露机制可能更为完善（Sun 等，

2002)。薄仙慧和吴联生（2009）的研究发现，国有企业的正向盈余管理水平显著低于非国有企业。结合以上分析，本章认为国有控股客户可能更容易与供应商形成稳定的长期交易关系，也更有动机和能力监督供应商提高盈余信息披露质量，降低信息不对称。

本章推测，在客户盈余信息质量一定时，机构投资者持股或国有控股客户可能更有动机和能力要求供应商提高盈余信息披露质量，降低供应链中的信息不对称程度。由此提出假设 H5－3a 和假设 H5－3b。

H5－3a：其他条件一定时，客户的机构投资者持股比例越高，供应商的盈余信息披露质量越高。

H5－3b：其他条件一定时，若客户为国有控股，供应商的盈余信息披露质量越高。

最后，本章研究供应商和客户之间的地缘网络信息对供应商盈余信息披露质量的影响。文献认为，地理距离邻近的利益相关者拥有地缘信息优势，可以降低信息不对称（Malloy，2005；Ayers 等，2011；Choi 等，2012)。作为重要的利益相关者，供应商和客户之间的地理距离邻近有助于二者之间信息沟通，缓解信息不对称。一方面，地理距离邻近便于客户实地考察供应商的生产运营情况，及时根据供应商需求给予相关技术或管理方面的指导，保证供应商的供货时间和产品质量，有助于建立并维系长期供应链关系；另一方面，地理距离邻近便于客户了解供应商的财务或发展状况，进而监督供应商的信息披露行为，提高供应商的信息透明度。唐斯圆和李丹（2019）的研究发现，地理距离邻近的客户可以显著抑制供应商的盈余操纵和舞弊行为。因此，本章预期地理距离可能有助于客户更有效地监督供应商的信息披露行为，提高供应商的盈余信息披露质量，进而缓解供应链中企业间的信息不对称。由此提出假设 H5－4。

H5－4：其他条件一定时，若供应商和客户地理距离邻近，供应商的盈余信息披露质量更高。

5.3　研究设计

5.3.1　样本选择与数据来源

本章中所用的前五大供应商或客户数据、季度报告实际披露日期以及其他公司财务及治理数据均来自 CSMAR 数据库。

本章具体的数据处理过程如下：首先以 2008—2016 年沪深 A 股非金融行业上市公司年报上披露的前五大供应商或客户的信息作为初始样本，从中筛选出供应商和客户均为上市公司的配对组“供应商—客户/年”共 1844 个。其次，将其与上市公司季度报告的实际披露日期数据进行匹配，最终得到“供应商—客户—季度报告日”的样本量为 6976 个。保留同一供应商的多个客户中交易额最大的客户，得到“供应商—客户—客户季度报告日”的样本量为 5871 个。最后，以“供应商—客户—季度报告日”样本为基础，计算供应商的信息披露质量，并匹配其他回归过程中需要用到的数据，删除缺失数据的样本，最终得到的样本中共含 5168 个“供应商—客户—季度报告日”配对组。在最终的样本中，共有 717 家供应商公司和 587 家客户公司。具体样本筛选过程如表 5 - 1 所示。

表 5 - 1　　　　样本筛选过程

样本处理步骤		样本量
2008—2016 年供应商和客户均为上市公司的“供应商—客户/年”配对组		1844
匹配季度报告实际披露日期后得到“供应商—客户—季度报告日”事件样本		6976
保留同一供应商的多个客户中交易额最大的客户	-1105	5871
删除缺失数据的样本	-703	5168

5.3.2 主要变量

5.3.2.1 被解释变量：供应商盈余信息披露质量（*SUPP_DA*）

基于盈余信息在供应链研究情境中的重要性，本章重点研究供应商的盈余信息披露质量。借鉴以往文献的做法，本章选用供应商的可操控性应计衡量盈余信息披露质量（Bhattacharya 等，2003；王亚平等，2009；Hutton 等，2009）。具体地，本章采用修正的 Jones 模型（Dechow 等，1995）估计可操控性应计。首先，利用模型（5－1）控制年度和行业后得到估计的回归系数，然后带入模型（5－2）中，估计出可操控性应计项目 *DA*，对 *DA* 取绝对值后得到 *SUPP_DA*。*SUPP_DA* 越小，供应商盈余信息披露质量越高。

$$\frac{TA_{i,t}}{Assets_{i,t-1}} = \alpha_1 \frac{TA_{i,t}}{Assets_{i,t-1}} + \alpha_2 \frac{\Delta REV_{i,t}}{Assets_{i,t-1}} + \alpha_3 \frac{PPE_{i,t}}{Assets_{i,t-1}} + \varepsilon_{i,t} \quad (5-1)$$

$$DA_{i,t} = \frac{TA_{i,t}}{Assets_{i,t-1}} - \left(\hat{\alpha}_1 \frac{TA_{i,t}}{Assets_{i,t-1}} + \hat{\alpha}_2 \frac{\Delta REV_{i,t}}{Assets_{i,t-1}} + \hat{\alpha}_3 \frac{PPE_{i,t}}{Assets_{i,t-1}}\right) \quad (5-2)$$

5.3.2.2 解释变量

（1）客户可操控性应计（*CUST_DA*）

本章采用 *CUST_DA* 度量客户盈余信息质量，借鉴 Dechow 等（1995）的计算方法。*CUST_DA* 越小，客户盈余信息质量越高。

（2）交易强度（*SALES_RATIO*）

变量 *SALES_RATIO* 用来衡量“供应商—客户”之间的交易额比率，具体计算方法见变量定义表。*SALES_RATIO* 的值越大，“供应商—客户”之间的交易强度越高。

（3）交易稳定性（*DURATION*）

变量 *DURATION* 表示“供应商—客户”之间交易的稳定性，衡量供应商和客户交易关系连续保持的总年数。*DURATION* 越大，“供应商—客户”之间的交易关系越稳定。

（4）客户的国有属性（*CUST_SOE*）

CUST_SOE 为虚拟变量，衡量客户的国有产权属性，即是否为国有控股。若客户为国有控股企业，*CUST_SOE* = 1，若客户为非国有控股企业，*CUST_SOE* = 0。

（5）客户的机构投资者持股比例（*CUST_INT*）

变量 *CUST_INT* 表示客户的机构投资者持股比例，等于“年末机构投资者持股数/年末总股本数”。*CUST_INT* 越大，客户的机构投资者持股比例越高。

（6）供应商和客户之间的地理距离（*DISTANCE*）

变量 *DISTANCE* 表示供应商和客户的注册地所在城市之间的地理距离，借鉴 Chu 等（2017）一文的做法，本章采用以下公式（5 - 3）计算，单位为千米。*DISTANCE* 越大，供应商客户之间的地理距离越远。

$$6379 \times \arccos\left[\sin(Lat_i) \times \sin(Lat_j) + \cos(Lat_i) \times \cos(Lat_j) \times \cos(Long_j - Long_i)\right] \tag{5-3}$$

5.3.3　模型设定

本章探究客户信息如何影响供应商的盈余信息披露质量。借鉴已有文献的做法（Raman 和 Shahrur，2008），本章采用以下模型设定的方法。在控制了供应商和客户的公司特征因素后，检验客户的盈余信息质量、交易信息、治理信息以及地缘网络信息四个方面如何影响供应商的盈余信息披露质量。具体检验模型如下：

$$\begin{aligned} SUPP\_DA_{jt} = {} & \beta_0 + \beta_1 CUST\_DA_{kt} + \beta_2 SUPP\_SIZE_{jt} + \beta_3 SUPP\_LEV_{jt} + \beta_4 \\ & SUPP\_ROA_{jt} + \beta_5 SUPP\_FIRSTRATIO_{jt} + \beta_6 SUPP\_BIG4_{jt} + \\ & \beta_7 SUPP\_MB_{jt} + \beta_8 CUST\_SIZE_{kt} + \beta_9 CUSTLEV_{kt} + YearF\text{-} \\ & ixedEffects + IndustryFixedEffects + \varepsilon_{jkt} \end{aligned} \tag{5-4}$$

本章采用模型（5 - 4）检验假设 H5 - 1。在模型（5 - 4）中，因变量 $SUPP\_DA_{jt}$ 表示供应商的盈余信息披露质量。自变量为

$CUST_DA_{kt}$表示客户的盈余信息质量。借鉴 Raman 和 Shahrur（2008）的做法，本章在模型（5－4）中还控制了可能影响供应商盈余信息披露质量的其他因素。控制变量$SUPP_FIRSTRATIO_{jt}$表示供应商第一大股东的持股比例，变量$SUPP_BIG4_{jt}$表示供应商的审计师是否来自"四大"会计师事务所。本章还对供应商或客户的基本公司特征，如公司规模（*SIZE*）、资产负债率（*LEV*）、市账率（*MB*）以及总资产报酬率（*ROA*）等因素进行了控制。模型（5－4）中，若自变量的系数β_1显著为正，表明客户的盈余信息质量与供应商的盈余信息披露质量显著正相关，假设 H5－1 得到验证。

$$SUPP\_DA_{jt} = \beta_0 + \beta_1 X + \beta_2 CUST\_DA_{kt} + \beta_3 SUPP\_SIZE_{jt} + \beta_4 SUPP\_LEV_{jt} + \beta_5 SUPP\_ROA_{jt} + \beta_6 SUPP\_FIRSTRATIO_{jt} + \beta_7 SUPP\_BIG4_{jt} + \beta_8 SUPP\_MB_{jt} + \beta_9 CUST\_SIZE_{kt} + \beta_{10} CUST\_LEV_{kt} + YearFixedEffects + IndustryFixedEffects + \varepsilon_{jkt} \quad (5-5)$$

本章采用模型（5－5）检验假设 H5－2 至假设 H5－4。在模型（5－4）中，因变量$SUPP_DA_{jt}$表示供应商的盈余信息披露质量。自变量为 *X*，表示各个假设所关注的可能影响供应商盈余信息披露质量的因素。鉴于客户盈余信息质量对供应商盈余信息披露质量的影响，本章还在模型（5－5）中添加了控制变量$CUST_DA_{kt}$，其余控制变量均与模型（5－4）相同。模型（5－4）和模型（5－5）均对年度和行业进行了控制。其中，考虑到供应链中的客户信息传递受行业特征差异的影响较大，本书依据《证监会上市公司行业分类指引（2012）》中各大类二级行业代码对可能产生影响的行业因素进行控制。在行业控制后在模型（5－5）中，若系数β_1显著，则表明在控制了其他相关因素后，与客户相关的其他因素仍会影响供应商的盈余信息披露质量。

文中主要相关变量的定义如表 5－2 所示。

表 5－2　　主要变量的定义

变量名称		具体定义
被解释变量	$SUPP\_DA_{jt}$	供应商的盈余信息披露质量，借鉴 Dechow 等（1995）的计算方法，等于供应商的可操控性应计的绝对值
解释变量	$CUST\_DA_{kt}$	客户的可操控性应计的绝对值
	$SALES\_RATIO_{jk,t-1}$	确定“供应商—客户”关系的年度，等于“供应商和客户之间的交易额占供应商销售总额的比例”
	$DURATION_{jk,t-1}$	确定“供应商—客户”关系的年度，供应商和客户之间关系连续保持的总年数
	$CUST\_SOE_{jk,t-1}$	确定“供应商—客户”关系的年度，客户是否为国有企业，若为国有企业，则 $CUST\_SOE_{jk,t-1}=1$，否则，$CUST\_SOE_{jk,t-1}=0$
	$CUST\_INT_{jk,t-1}$	确定“供应商—客户”关系的年度，客户的机构投资者比例，等于“本年度年末机构投资者持股数量/年末总股本数”
	$DISTANCE_{jk,t-1}$	在确定“供应商—客户”关系的年度，供应商和客户之间根据经纬度计算的地理距离，单位为千米
控制变量	$SUPP\_FIRSTRATIO_{jt}$	本年度，供应商的第一大股东持股比例
	$SUPP\_BIG4_{jt}$	本年度，供应商的审计师是否为“四大”会计师事务所之一
	$SUPP\_MB_{jt-1}$	本年度，供应商的市账率
	$SUPP\_SIZE_{jt-1}$	本年度，供应商公司规模
	$SUPP\_LEV_{jt-1}$	本年度，供应商资产负债率
	$SUPP\_ROA_{jt-1}$	本年度，供应商资产回报率
	$CUST\_SIZE_{kt-1}$	本年度，客户公司规模
	$CUST\_LEV_{kt-1}$	本年度，客户的资产负债率

5.4 实证结果与分析

5.4.1 描述性统计

表 5 - 3 报告了最终回归样本中相关变量的描述性统计结果。首先，本章分别对供应商和客户的公司特征变量进行描述性统计，统计结果列示在 Panel A 和 Panel B 中。Panel C 列示了回归模型中主要相关变量的描述性统计结果。

表 5 - 3　　变量的描述性统计表

Panel A 供应商的公司特征变量						
变量	观测值	均值	中值	最小值	最大值	标准差
SUPP_SIZE	5168	22. 259	22. 102	19. 762	28. 035	1. 444
SUPP_MB	5168	0. 650	0. 655	0. 127	1. 180	0. 234
SUPP_LEV	5168	0. 455	0. 456	0. 042	0. 961	0. 223
SUPP_ROA	5168	0. 038	0. 033	-0. 190	0. 222	0. 060
Panel B 客户的公司特征变量						
变量	观测值	均值	中值	最小值	最大值	标准差
CUST_SIZE	5168	23. 063	22. 768	20. 142	28. 481	1. 788
CUST_MB	5168	0. 698	0. 714	0. 165	1. 185	0. 237
CUST_LEV	5168	0. 513	0. 531	0. 068	0. 922	0. 201
CUST_ROA	5168	0. 024	0. 018	-0. 065	0. 126	0. 030
Panel C 回归模型中的主要变量						
变量	观测值	均值	中值	最小值	最大值	标准差
SUPP_DA	5168	0. 080	0. 058	0. 001	0. 470	0. 078
CUST_DA	5168	0. 084	0. 060	0. 001	0. 547	0. 089
SALES_RATIO	5168	0. 049	0. 030	0. 0001	0. 411	0. 064
DURATION	5168	2. 227	2	1	11	1. 665
CUST_SOE	5168	0. 613	1	0	1	0. 486
CUST_INT	5168	0. 376	0. 373	0. 003	0. 868	0. 255
DISTANCE	5168	983. 608	700. 556	0	9887. 295	1468. 645
SUPP_FIRSTRATIO	5168	0. 370	0. 345	0. 100	0. 825	0. 158
SUPP_BIG4	5168	0. 080	0	0	1	0. 271

从表 5 - 3 的 Panel A 和 Panel B 可看出，客户的总资产（*SIZE*）、资产负债率（*LEV*）和市账率（*MB*）的均值和中值均稍大于供应商，这说明总体而言，客户的规模和影响力均大于供应商。然而相较供应商，客户的业绩（*ROA*）却稍小一些。表 5 - 3 的 Panel C 中，供应商的可操控性应计的均值和中值均稍小于客户。供应商和客户之间的交易强度（*SALES_RATIO*）的均值为 0.049，表明样本中供应商和客户之间的交易占供应商总销售额的比例一般为 5% 左右。变量 *DURATION* 的均值为 2.227，中值为 2，表明样本中“供应商—客户”关系的维系年数一般为 2 年以上。变量 *CUST_SOE* 的均值为 0.613，说明样本中 61.3% 的客户为国有企业。变量 *CUST_INT* 的均值为 0.376，说明样本中客户的机构投资者持股比例一般为 37.6%。变量 *SUPP_BIG4* 的均值为 0.080，说明样本中 8% 的供应商的审计师来自“四大”会计师事务所。表中还对其他相关变量进行了描述性统计，所有连续变量均经过 1% 的 Winsorize。

5.4.2　相关性分析

表 5 - 4 报告了回归分析中主要变量的相关性分析结果。如表 5 - 4 所示，因变量 *SUPP_DA* 与 *CUST_DA* 的 Pearson 系数在 1% 水平上显著正相关，与假设 H5 - 1 的预期相符。因变量 *SUPP_DA* 与其他主要解释变量的相关系数并不显著，可能还需要进一步控制其他因素的影响。另外，变量 *CUST_DA* 与 *DURATION*、*CUST_SOE* 以及 *CUST_INT* 在 1% 水平上显著负相关，这说明“供应商—客户”关系的维系时间越长、客户为国有企业以及客户的机构投资者持股比例越高，客户的盈余信息质量越高，这也与预期一致。变量 *SALES_RATIO* 与变量 *DURATION*、*CUST_SOE* 以及 *CUST_INT* 显著正相关，这说明当“供应商—客户”之间关系的时间维系时间越长、客户为国有企业时以及客户的机构投资者持股比例越大，“供

应商—客户”之间的交易比例可能越大，这也与本章的预期一致。

表 5 - 4　　　　主要变量的相关性分析

	SUPP_DA	CUST_DA	SALES_RATIO	DURATION	CUST_SOE	CUST_INT	DISTANCE
SUPP_DA	1						
CUST_DA	0.069*** (0)	1					
SALES_RATIO	-0.003 (0.832)	0.005 (0.721)	1				
DURATION	-0.017 (0.215)	-0.036*** (0.007)	0.201*** (0)	1			
CUST_SOE	0.022* (0.095)	-0.049*** (0.000)	0.193*** (0)	0.133*** (0)	1		
CUST_INT	0.002 (0.866)	-0.038*** (0.004)	0.120*** (0)	0.091*** (0)	0.272*** (0)	1	
DISTANCE	-0.023* (0.087)	-0.025* (0.063)	-0.023* (0.084)	-0.122*** (0)	-0.095*** (0)	-0.012 (0.351)	1

注：表中报告的是 Pearson 相关系数，***、**、* 分别表示在 1%、5%、10% 的水平上显著。

5.4.3 多元回归分析

（1）客户盈余信息质量对供应商盈余信息披露质量的影响

表 5 - 5 第（1）列为假设的回归结果。其中因变量为 *SUPP_DA*，表示供应商的盈余信息披露质量。自变量为 *CUST_DA*，表示客户的盈余信息质量。在控制了其他可能影响供应商盈余信息披露质量的供应商或客户公司特征因素后，自变量 *CUST_DA* 在 1% 水平上显著为正。这说明，客户的盈余信息披露策略可以传递到供应商，客户的盈余信息质量与供应商的盈余信息披露质量显著正相关，假设 H5 - 1 得到验证。除了自变量 *CUST_DA*，表中的控制变

量 *SUPP_SIZE* 的系数在 5% 水平上显著为负，控制变量 *SUPP_LEV* 的系数在 1% 水平上显著为正，均与已有文献的实证结果一致，表明供应商的规模越大、资产负债率越低，供应商的盈余信息披露质量越高。

（2）“供应商—客户”之间的交易信息对供应商盈余信息披露质量的影响

在假设 H5 - 1 得到验证的基础上，本章进一步探究“供应商—客户”之间的交易信息对供应商盈余信息披露行为的影响。表 5 - 5 第（2）列是具体的回归结果。

表 5 - 5 第（2）、第（3）列中报告了假设 H5 - 2a、H5 - 2b 的回归结果。表 5 - 5 第（2）列中，因变量为供应商的盈余信息披露质量（*SUPP_DA*），自变量为“供应商—客户”之间的交易强度（*SALES_RATIO*）。基于假设 H1 的回归结论，本章在假设 H5 - 2a 和 H5 - 2b 的回归模型中控制了客户盈余信息质量（*CUST_DA*）。回归结果中，自变量 *SALES_RATIO* 的系数在 5% 水平上显著为负，这暗示在控制了客户的盈余信质量以及其他的影响因素后，“供应商—客户”之间的交易强度越大，供应商和客户之间的交易关系越紧密，供应商的盈余信息披露质量越高，假设 H5 - 2a 得到验证。

表 5 - 5 第（3）列中，因变量依然为供应商的盈余信息披露质量（*SUPP_DA*），自变量为“供应商—客户”之间的交易稳定性（*DURATION*）。由表 5 - 5 可知，自变量 *DURATION* 的系数在 10% 水平上显著为负。这说明，“供应商—客户”之间的交易关系越稳定，供应商的盈余信息透明越高，假设 H5 - 2b 得到验证。

（3）客户的治理信息对供应商盈余信息披露质量的影响

表 5 - 5 第（4）、第（5）列中为假设 H5 - 3a、H5 - 3b 的回归结果，检验客户的治理信息是否以及如何影响供应商的盈余信息披露质量。表 5 - 5 第（4）列中，因变量为供应商的盈余信息披

露质量（*SUPP_DA*），自变量为衡量客户治理信息的两个指标，分别为客户的国有控股属性（*CUST_SOE*）和客户的机构投资者持股比例（*CUST_INT*）。表 5－5 第（4）、第（5）列的回归结果中，自变量 *CUST_SOE* 和 *CUST_INT* 的系数均不显著。结合前文相关性系数检验的结果，变量 *CUST_SOE* 和 *CUST_INT* 与客户盈余信息质量（*CUST_DA*）显著负相关，这说明国有控股的客户或者机构投资者持股比例较大的客户的盈余信息质量较高，但是这种客户股东的治理效果并不能传递到供应商，即并不能影响供应商的盈余信息披露质量，假设 H5－3a、假设 H5－3b 不能得到支持。

（4）"供应商—客户"之间的地缘网络信息对供应商盈余信息披露质量的影响

假设 H5－4 探究"供应商—客户"之间的地缘网络信息对供应商盈余信息披露质量的影响，表 5－5 第（6）列是具体的回归结果。在表 5－5 第（6）列中，因变量为供应商的盈余信息披露质量（*SUPP_DA*），自变量为供应商和客户之间的地理距离（*DISTANCE*）。如表 5－5 第（6）列所示，自变量的系数在 5% 水平上显著为正。这说明在控制了其他因素之后，当客户的盈余信息质量一定时，供应商和客户之间的地理距离越近，客户对供应商的盈余信息披露影响越大，供应商的盈余信息披露质量越高。这一结果符合地缘信息优势理论，与预期一致，假设 H5－4 得到验证。

表 5－5　客户信息影响供应商盈余信息披露质量的回归结果

SUPP_DA	(1)	(2)	(3)	(4)	(5)	(6)
	CUST_DA	*SALES_RATIO*	*DURATION*	*CUST_SOE*	*CUST_INT*	*DISTANCE*
X_{jkt-1}		-0.014**	-0.001*	-0.005	-0.002	0.011**
		(-2.02)	(-1.88)	(-1.37)	(-0.30)	(2.01)
$CUST\_DA_{jt}$	0.035***	0.034**	0.035***	0.036***	0.034**	0.035***
	(2.60)	(2.57)	(2.64)	(2.66)	(2.53)	(2.60)

续表

SUPP_DA	(1) CUST_DA	(2) SALES_RATIO	(3) DURATION	(4) CUST_SOE	(5) CUST_INT	(6) DISTANCE
$SUPP\_SIZE_{jt}$	-0.005 **	-0.005 **	-0.005 **	-0.005 **	-0.005 **	-0.005 **
	(-2.30)	(-2.21)	(-2.27)	(-2.28)	(-2.26)	(-2.30)
$SUPP\_LEV_{jt}$	0.048 ***	0.048 ***	0.048 ***	0.048 ***	0.048 ***	0.048 ***
	(4.48)	(4.47)	(4.46)	(4.54)	(4.43)	(4.48)
$SUPP\_ROA_{jt}$	0.187 ***	0.188 ***	0.188 ***	0.188 ***	0.187 ***	0.187 ***
	(4.70)	(4.70)	(4.72)	(4.72)	(4.67)	(4.69)
$SUPP\_FIRSTRATIO_{jt}$	0.020 *	0.020 *	0.019 *	0.020 *	0.021 *	0.020 *
	(1.78)	(1.80)	(1.72)	(1.77)	(1.85)	(1.79)
$SUPP\_BIG4_{jt}$	0.006	0.006	0.006	0.006	0.006	0.006
	(0.87)	(0.88)	(0.80)	(0.79)	(0.83)	(0.87)
$SUPP\_MB_{jt}$	0.002	0.002	0.001	0.002	0.001	0.002
	(0.17)	(0.16)	(0.14)	(0.21)	(0.15)	(0.17)
$CUST\_SIZE_{kt}$	0.000	0.000	0.001	0.001	0.000	0.000
	(0.38)	(0.19)	(0.71)	(0.75)	(0.44)	(0.38)
$CUST\_LEV_{kt}$	-0.002	-0.002	-0.003	-0.000	-0.001	-0.002
	(-0.31)	(-0.31)	(-0.40)	(-0.02)	(-0.18)	(-0.31)
Constant	0.161 ***	0.160 ***	0.155 ***	0.154 ***	0.157 ***	0.161 ***
	(3.41)	(3.39)	(3.27)	(3.19)	(3.24)	(3.34)
Year	Control	Control	Control	Control	Control	Control
Industry	Control	Control	Control	Control	Control	Control
Observations	5168	5168	5168	5163	5131	5168
$Adj-R^2$	0.1938	0.1939	0.1946	0.1943	0.1942	0.1938

注：***、**、*分别表示在1%、5%、10%的水平上显著。标准误均为聚类稳健标准误。

5.4.4 稳健性检验

(1) 盈余信息披露质量的替代性衡量变量

为增强本书研究结论的可靠性，本书参考 Louis 和 Robinson

(2005)、Kothari 等 (2004) 的做法，采用经业绩调整的可操控性应计作为盈余信息披露质量的替代性衡量方法，并对假设 H5 - 1 至假设 H5 - 4 进行重新检验，回归结果见表 5 - 6，与前文基本相似。

(2) 样本细分：区分制造业和非制造业样本

由于本书的检验样本中供应商为制造业的样本占比最大 (70% 以上)，为增强本书研究结论的可靠性，本书将总样本区分为"供应商为制造业"和"供应商为非制造业"两组样本后依次对假设 H5 - 1 至假设 H5 - 4 进行分组检验，具体回归结果见表 5 - 7。如表 5 - 7 所示，进一步细分样本后，在"供应商为制造业"的样本组中，假设 H5 - 1 至假设 H5 - 4 的解释变量均显著。这表明，当供应商为制造业时，各类客户信息对供应商盈余信息披露质量具有更为显著的影响。

(3) 避免遗漏变量问题：将所有解释变量放入模型中

为缓解可能存在的遗漏变量问题，本书又将所有解释变量放在同一模型中进行回归，得到的回归结果如表 5 - 8 所示。表 5 - 8 中，变量 *CUST_DA*、*SALES_RATIO*、*DISTANCE* 的系数仍显著，但是变量 *DURATION*、*CUST_SOE*、*CUST_INT* 的系数并不显著。这表明，当客户的盈余信息质量越高，"供应商—客户"之间的交易强度越大或者二者间地理距离相距较近时，供应商的盈余信息披露质量也越高。本书的回归结果具有一定的稳健性。

表 5 - 6　　稳健性检验：替换盈余信息披露质量指标

SUPP_DA	*CUST_DA*	*SALES_RATIO*	*DURATION*	*CUST_SOE*	*CUST_INT*	*DISTANCE*
X_{jkt-1}		-0.012**	-0.022*	-0.003	-0.005	0.023**
		(-2.13)	(-1.78)	(-1.22)	(-0.10)	(2.21)
$CUST\_DA_{jt}$	0.045**	0.032**	0.033***	0.032***	0.012**	0.031***
	(2.20)	(2.27)	(2.58)	(2.87)	(2.44)	(2.40)

续表

SUPP_DA	CUST_DA	SALES_RATIO	DURATION	CUST_SOE	CUST_INT	DISTANCE
$SUPP\_SIZE_{jt}$	-0.004 **	-0.003 **	-0.003 **	-0.004 **	-0.001 **	-0.002 **
	(-2.10)	(-2.12)	(-2.15)	(-2.14)	(-2.32)	(-2.10)
$SUPP\_LEV_{jt}$	0.048 ***	0.043 ***	0.043 ***	0.057 ***	0.045 ***	0.045 ***
	(3.45)	(3.25)	(3.25)	(3.44)	(3.43)	(3.48)
$SUPP\_ROA_{jt}$	0.137 ***	0.164 ***	0.176 ***	0.186 ***	0.167 ***	0.167 ***
	(3.40)	(4.25)	(3.54)	(3.72)	(3.36)	(3.69)
$SUPP\_FIRSTRATIO_{jt}$	0.010 *	0.010 *	0.025 *	0.015 *	0.024 *	0.024 *
	(1.73)	(1.90)	(1.69)	(1.87)	(1.75)	(1.89)
$SUPP\_BIG4_{jt}$	0.005	0.004	0.004	0.004	0.004	0.046
	(0.77)	(0.85)	(0.50)	(0.80)	(0.63)	(0.26)
$SUPP\_MB_{jt}$	0.003	0.001	0.005	0.001	0.004	0.012
	(0.21)	(0.14)	(0.36)	(0.12)	(0.25)	(0.23)
$CUST\_SIZE_{kt}$	0.001	0.002	0.004	0.002	0.002	0.004
	(0.34)	(0.15)	(0.52)	(0.67)	(0.42)	(0.23)
$CUST\_LEV_{kt}$	-0.004	-0.004	-0.006	-0.001	-0.003	-0.004
	(-0.21)	(-0.24)	(-0.30)	(-0.04)	(-0.17)	(-0.51)
Constant	0.141 ***	0.140 ***	0.147 ***	0.134 ***	0.145 ***	0.231 ***
	(3.37)	(2.59)	(3.45)	(3.44)	(3.45)	(3.54)
Year	Control	Control	Control	Control	Control	Control
Industry	Control	Control	Control	Control	Control	Control
Observations	5168	5168	5168	5163	5131	5168
$Adj-R^2$	0.1934	0.1934	0.1923	0.1924	0.1921	0.1923

注：***、**、*分别表示在 1%、5%、10%的水平上显著。标准误均为聚类稳健标准误。

表 5 - 7　稳健性检验：区分制造业和非制造业样本

SUPP_DA	CUST_DA		SALES_RATIO		DURATION		CUST_SOE		CUST_INT		DISTANCE	
	制造业	非制造业	制造业	非制造业	制造业	非制造业	制造业	非制造业	制造业	非制造业	制造业	非制造业
X_{jkt-1}			-0.020 *	-0.105 *	-0.002 *	-0.002	-0.008 **	0.002	-0.012 *	0.009	0.001 ***	-0.001
			(-1.85)	(-1.67)	(-1.88)	(-0.70)	(-1.96)	(0.29)	(-1.68)	(0.61)	(2.84)	(-0.41)
$CUST\_DA_{jt}$	0.030 *	0.037	0.029 *	0.036	0.030 *	0.039	0.032 *	0.037	0.029 *	0.041	0.030 *	0.037
	(1.81)	(1.29)	(1.79)	(1.25)	(1.84)	(1.34)	(1.95)	(1.28)	(1.74)	(1.40)	(1.80)	(1.28)
$SUPP\_SIZE_{jt}$	-0.002	-0.008 *	-0.002	-0.006	-0.002	-0.008 *	-0.002	-0.008 *	-0.002	-0.008 *	-0.002	-0.008 *
	(-1.18)	(-1.68)	(-1.05)	(-1.39)	(-1.19)	(-1.68)	(-1.10)	(-1.68)	(-1.11)	(-1.80)	(-1.18)	(-1.68)
$SUPP\_LEV_{jt}$	0.040 ***	0.050 **	0.040 ***	0.052 **	0.041 ***	0.049 **	0.041 ***	0.050 **	0.041 ***	0.047 **	0.040 ***	0.050 **
	(3.74)	(2.17)	(3.74)	(2.22)	(3.78)	(2.13)	(3.81)	(2.15)	(3.80)	(2.01)	(3.77)	(2.16)
$SUPP\_ROA_{jt}$	0.123 ***	0.237 ***	0.125 ***	0.245 ***	0.125 ***	0.238 ***	0.124 ***	0.237 ***	0.129 ***	0.232 ***	0.126 ***	0.237 ***
	(3.47)	(2.81)	(3.50)	(2.88)	(3.53)	(2.82)	(3.49)	(2.81)	(3.62)	(2.73)	(3.52)	(2.80)
$SUPP\_FIRSTRATIO_{jt}$	-0.001	0.066 ***	-0.001	0.069 ***	-0.002	0.067 ***	-0.002	0.064 ***	-0.000	0.070 ***	-0.001	0.066 ***
	(-0.06)	(2.86)	(-0.08)	(3.00)	(-0.18)	(2.89)	(-0.17)	(2.76)	(-0.02)	(3.03)	(-0.09)	(2.88)
$SUPP\_BIG4_{jt}$	0.011	-0.003	0.011	-0.002	0.010	-0.002	0.010	-0.002	0.010	-0.001	0.011	-0.003
	(1.34)	(-0.21)	(1.35)	(-0.16)	(1.24)	(-0.19)	(1.21)	(-0.19)	(1.21)	(-0.09)	(1.36)	(-0.21)
$SUPP\_MB_{jt}$	-0.007	0.016	-0.007	0.014	-0.007	0.014	-0.007	0.016	-0.007	0.014	-0.007	0.016
	(-0.77)	(0.78)	(-0.76)	(0.70)	(-0.73)	(0.73)	(-0.73)	(0.78)	(-0.78)	(0.68)	(-0.75)	(0.78)

续表

SUPP_DA	CUST_DA		SALES_RATIO		DURATION		CUST_SOE		CUST_INT		DISTANCE	
	制造业	非制造业	制造业	非制造业	制造业	非制造业	制造业	非制造业	制造业	非制造业	制造业	非制造业
$CUST\_SIZE_{kt}$	-0.001	-0.000	-0.001	-0.001	-0.000	-0.000	-0.000	-0.001	-0.000	-0.001	-0.001	-0.001
	(-0.86)	(-0.21)	(-1.08)	(-0.39)	(-0.38)	(-0.15)	(-0.21)	(-0.29)	(-0.12)	(-0.38)	(-0.84)	(-0.27)
$CUST\_LEV_{kt}$	0.000	0.018	0.001	0.019	-0.001	0.019	0.005	0.017	0.001	0.023	0.000	0.018
	(0.03)	(0.89)	(0.06)	(0.93)	(-0.12)	(0.98)	(0.50)	(0.86)	(0.16)	(1.08)	(0.04)	(0.89)
Constant	0.187***	0.200**	0.187***	0.169*	0.183***	0.199**	0.171***	0.203**	0.167***	0.215**	0.184***	0.207**
	(4.06)	(2.15)	(4.08)	(1.84)	(3.96)	(2.13)	(3.64)	(2.13)	(3.56)	(2.22)	(3.98)	(2.16)
Year	Control	Control	Control	Control	Control	Control	Control	Control	Control	Control	Control	Control
Industry	Control	Control	Control	Control	Control	Control	Control	Control	Control	Control	Control	Control
Observations	3644	1524	3644	1524	3644	1524	3644	1524	3644	1524	3644	1524
$Adj-R^2$	0.1025	0.2725	0.1027	0.2752	0.1038	0.2730	0.1045	0.2726	0.1037	0.2753	0.1028	0.2727

注：***、**、*分别表示在1%、5%、10%的水平上显著。标准误均为聚类稳健标准误。

表 5-8　稳健性检验：将所有解释变量均放入模型中

SUPP_DA	制造业
$CUST\_DA_{kt}$	0.037 *** (2.56)
$SALES\_RATIO_{jkt-1}$	-0.017 *** (2.42)
$DURATION_{jkt-1}$	-0.022 (-1.53)
$CUST\_SOE_{kt-1}$	-0.003 (-1.22)
$CUST\_INT_{kt-1}$	-0.005 (-0.10)
$DISTANCE_{kt-1}$	0.013 * (1.79)
$SUPP\_SIZE_{jt}$	-0.005 ** (-1.97)
$SUPP\_LEV_{jt}$	0.035 *** (2.58)
$SUPP\_ROA_{jt}$	0.145 *** (2.76)
$SUPP\_FIRSTRATIO_{jt}$	0.044 * (1.86)
$SUPP\_BIG4_{jt}$	0.035 (0.05)
$SUPP\_MB_{jt}$	0.042 (0.13)
$CUST\_SIZE_{kt}$	0.034 (0.67)

续表

SUPP_DA	制造业
$CUST\_LEV_{kt}$	-0.003 (-0.21)
Constant	0.212** (3.24)
Year	Control
Industry	Control
Observations	5131
$Adj-R^2$	0.1765

注：***、**、*分别表示在1%、5%、10%的水平上显著。标准误均为聚类稳健标准误。

5.5　本章小结

本章探究客户信息对供应商信息披露行为的影响。具体而言，本章利用2008—2016年度沪深A股中供应商和客户均为上市公司的数据，分别从盈余信息质量、交易信息、治理信息和地缘网络信息四个方面探究客户信息对供应商盈余信息披露质量的影响。

本章的实证结果发现：客户确实会影响供应商的盈余信息披露质量，客户的信息披露策略可以经由供应链传递到供应商。针对盈余信息质量，客户的盈余信息质量越高，供应商的盈余信息披露质量也越高。这说明，信息披露质量高的大客户可以对供应商的信息披露进行监督。针对交易信息和网络信息，当客户的盈余信息质量一定时，“供应商—客户”之间的交易强度越强、交易关系越稳定或者双方地理位置相距较近时，供应商的盈余信息披露质量越高。针对治理信息，本章并没有发现国有控股或机构投资者持股比例较高的客户会对供应商盈余信息披露质量产生显著的影响。根据以上研究结论，本章认为，客户确实会经由供应链信息传递渠道监督甚至影响供应商的盈余信息披露质量，而且，供应商和客户之间的关系越紧密，信息交流和沟通的成本越低，客户的监督效果越好，供应商的盈余信息披露质量越高。

本章丰富了企业供应链中客户信息影响供应商信息披露方面的研究。相较以往文献，本章较为系统地从客户的盈余信息质量、交易信息、治理信息以及地缘网络信息四个方面探究其对供应商盈余信息披露质量的影响。本章的研究内容为后文探究并分析供应链中的客户信息传递揭示了一条重要的作用渠道。

第6章

客户信息对供应商创新的影响研究

供应链中客户信息传递会从多方面影响供应商的企业行为，如存货管理等内部经营决策、投融资行为，现金持有和股利分配政策、投融资行为以及公司治理活动等。客户可能影响供应商的投资行为，表现在客户需求可以为供应商提供市场供求信息，为供应商投资提供方向，提高供应商投资效率。作为一种长期投资行为，研发创新风险更高、投入更大，企业更应慎重决策。供应链以客户需求为导向，客户信息可以降低供应商研发创新的风险，提高投资效率。已有文献从多个角度探究了影响企业研发创新的因素，但从供应链中客户信息传递的角度进行探究的文献则较少。考虑到研究问题的重要性和创新性，本章以研发创新为切入点，探究供应链中客户信息经由“信息共享与利用”路径影响供应商的企业行为。

6.1　研究问题的提出

作为企业重要的外部利益相关者，大客户不仅会影响供应商的信息披露策略，还会影响供应商的长期决策行为，如经营决策、投融资决策以及并购活动等（Radhakrishnan 等，2014；Banerjee 等，2008；Chen 等，2018；Tarsalewska，2015）。作为一项重要的战略投资决策，企业研发创新应以客户需求为导向。以苹果公司为例，近十年来，苹果公司凭借产品创新取得了极大成功，其所遵循的基本思路是对用户需求和消费体验的极致追求，而并非单纯依靠技术突破。客户信息以及供应链关系状况（如客户需求、发展趋势与前景以及交易关系的稳定等）均是供应商研发创新决策需要考虑的重要因素，表现在：客户盈余可以为供应商提供产品改良、市场动向以及新技术开发方向等需求信息；客户治理不仅影响客户自身运营状况，还关系到供应链关系的维系和稳定；供应商和客户之间的交易关系和地理距离则会影响供应链中的信息传递。

近年来，国外学者围绕供应链影响公司创新进行了相关研究。Chu 等（2017）利用地理距离量度供应商和客户之间的信息溢出效应，认为地理距离邻近的客户可以提高供应商的创新效率。Dasgupta 等（2017）发现社会联系促进供应链稳定，提高供应商创新效率。究其本质，已有文献或以地理距离，或以社会联系的角度从侧面对供应链中的信息传递进行量度，探究供应商如何利用供应链中客户信息共享进行创新活动。基于已有研究，本章相对系统地从客户的盈余信息质量、交易信息、治理信息以及地缘网络信息四方面探讨客户对供应商创新的影响，进而尝试从客户信息影响供应商公司决策的层面为供应链中客户信息传递揭示出一条重要的作用路径——信息共享与利用。由此，本章的基本研究问题为：我国企业供应链中客户信息会如何影响供应商创新？

本章余下内容安排如下：第二部分回顾供应链中信息传递及其对供应商创新影响的相关文献，并对本章的各个假设进行理论分析；第三部分介绍本章的研究设计；第四部分报告实证回归结果，并进行讨论分析；最后对全文内容和创新贡献进行总结。

6.2 理论分析与研究假设的提出

作为重要的利益相关者，供应商和客户互相依赖、彼此影响。供应链中的客户信息传递既有助于资本市场信息使用者对供应商的估值，又会影响供应商的公司决策。供应链中客户信息会影响供应商公司的经营决策（Ak 和 Patatoukas，2015；Radhakrishnan 等，2014）、融资决策（Banerjee 等，2008；Cen 等，2014）、投资决策（Chen 等，2018；Dhaliwal 等，2016）等。供应链以客户为主导，客户需求或其他信息不仅可以为供应商提供发展方向和投资依据，而且可以帮助供应商合理评估自身面临的经营机会和发展前景，有效地进行投资决策。作为一项重要的战略投资决策，供应商创新需要利用供应链中的客户信息传递：首先，为提高创新效率，加速推动创新成果转化为实际生产力，供应商需要以客户需求为导向制定研发方案。供应链中的客户信息传递有助于供应商及时了解、客户及时反馈需求，能够提高供应商的创新效率。Manso（2011）利用模型探究了影响企业创新的潜在机制，发现信息共享与需求的及时反馈有助于供应商的创新满足客户需求，提高创新效率。其次，供应链中的客户信息传递有助于供应商和客户彼此交流共享新产品研发所需的相关知识和技术，具有知识溢出效应，缩短供应商的研发周期，促进科研成果迅速转化为生产力。Chu 等（2017）利用美国数据研究供应链中的知识溢出效应（信息传递）对供应商创新的影响。由于地理距离会影响供应商和客户之间的信息传递，他们发现二者间的地理距离越近，供应链信息传递越便利，供应商创新的效率越高。Dasgupta 等（2017）则选取供应商和客户之间的社会联系（Social Connections）度量供应链中的信息传递效率，发现社会联系有助于维系供应商和客户之间的稳定关系，而供应商和客户之间的稳定关系则可促进供应商创新。纵观现有关于供应链与企业创新的文献，从地理距离、社会联系等角度切入考察供应链中的客户信息传递对供应商创新行为的影响，并未进行系统的分析和讨论。基于已有文献的研究结论，本章对主要客户信息进行筛选归纳，从客户的盈余信息质量、交易信息、治理信息以及地缘网络信息四方面系统研究客户对供应商创新行为的影响。

首先，本章探究客户盈余信息质量对供应商创新的影响。在供应链中，客户更了解产品销售状况和行业发展前景，供应商更了解原材料质量和生产成本，二者之间存在信息不对称。一般而言，客户规模较大，在供应链中居于主导地位。优势地位和较强议价能力容易滋生客户的机会主义行为，导致供应商和客户之间的信息不对称程度加剧，进而降低供应链中信息传递的效率。客户的公开信息披露有助于缓解供应商和客户之间的信息不对称，客户信息披露质量越高，供应链中信息不对称程度越低，有助于供应商利用客户信息进行创新决策。Radhakrishnan 等（2014）研究发现，客户信息披露质量越高，有助于供应商的存货管理和生产安排，进而提高供应商经营业绩。Chen 等（2018）则研究了供应链中信息传递对供应商投资行为的影响。利用文本分析方法，他们发现客户发布的管理层盈余预测报告的信息质量越高，供应商的投资效率越高。鉴于供应商和客户之间交易关系的实质，本章重点探究客户盈余信息质量对供应商创新的影响。本章预期，客户的盈余信息质量越高，可能越有助于供应商创新。由此提出假设 H6－1：

H6－1：其他条件一定时，客户的盈余信息质量越高，越有助于供应商创新。

供应商和客户之间交易关系的强度和稳定性也会显著影响供应商创新。企业创新是一个具有高风险的长期过程（Holmstrom，1989），供应商和客户之间的交易紧密度和稳定性对供应商创新十分重要。首先，供应商和客户之间的交易强度越强、越稳定，供应商越愿意为维系供应链关系投入专用性资产，进行创新的动机和意愿更强烈。其次，紧密稳定的交易关系便于双方信息沟通，可以提高产品研发过程中供需双方的交流频率和深度，降低企业面临的技术风险，提高创新成功率。最后，紧密稳定的交易关系有助于交易双方互相监督，降低机会主义行为，为供应商提供更高效的创新平台。Dasgupta 等（2017）实证检验发现，稳定的供应链交易关系能有效促进供应商创新。本章预期，供应商和客户之间的交易强度越强、交易稳定性越高，可能越有助于供应商创新。由此提出假设 H6－2。

H6－2a：其他条件一定时，供应商和客户之间的交易强度越大，越有助于供应商创新。

H6－2b：其他条件一定时，供应商和客户之间的交易越稳定，越有助于供应商创新。

客户治理影响供应链中的客户信息传递，进而影响供应商的创新行为。本章从机构投资者持股衡量客户的治理状况，并探究其对供应商创新的影响。

相较于中小投资者，机构投资者更专业，信息挖掘的能力更强，同时具有价值发现和参与治理的重要功能。首先，机构投资者持股的客户规模更大，客户的业绩和发展前景更好，对供应商影响更大，更有意愿和能力带动供应商创新。其次，机构投资者会积极参与并监督客户治理，不仅能够提高客户的信息披露质量，而且可以改善“供应商—客户”关系，减少客户机会主义行为，缓解供应链中的信息不对称，促进信息传递。最后，机构投资者可以有效监督公司治理，抑制客户的机会主义行为，维系供应链交易关系稳定，保障供应商研发创新的内在动力和外部环境。本章预期机构投资者持股的客户可能有效促进供应商创新，提出假设 H6－3。

H6－3：其他条件一定时，客户的机构投资者持股比例越高，越有助于供应商创新。

供应商和客户之间的地理距离也会影响供应商创新（Chu 等，2017）。地理距离影响信息获取成本和难易程度。供应商和客户之间地理距离邻近，便于信息共享，缓解信息不对称，维系长期稳定的供应链关系。这有助于双方进行实地考察和监督，及时了解研发需求和合作开发过程中遇到的技术瓶颈，减少研发创新过程中走弯路和无意义消耗，降低创新风险。Chu 等（2017）的研究采用地理距离对供应链中信息传递（信息溢出效应）进行度量，发现供应商和客户地理距离邻近能够有效促进供应商创新。本章预期，供应商和客户之间地理距离邻近促进供应链中客户信息传递，可能促进供应商创新。由此提出假设 H6 -4。

H6 -4：其他条件一定时，若供应商和客户地理距离邻近，有助于供应商创新。

6.3 研究设计

6.3.1 样本选择与数据来源

本章中所用的前五大供应商或客户数据、公司专利创新数据以及其他财务和公司治理数据均来自 CSMAR 数据库。

下面具体介绍本章的数据处理过程。首先以 2008—2016 年沪深 A 股非金融行业上市公司年报上披露的前五大供应商或客户的信息作为初始样本，从中筛选出供应商和客户均为上市公司的配对组“供应商—客户/年”共 1844 个。其次，将其与供应商创新专利数据匹配，得到“供应商专利—供应商—客户/年”配对组共 1513 组。保留同一供应商的多个客户中交易额最大的客户，得到“供应商专利—供应商—客户/年”的样本量为 1261 组。最后，匹配回归过程中需要用到的其他数据，删除缺失数据的样本，最终得到的样本中共含 1018 个“供应商—客户/年”配对组。在最终样本中，共有 744 家供应商公司和 609 家客户公司。

6.3.2　主要变量

6.3.2.1　被解释变量：供应商创新（*SUPP_INV*）

本章用变量 *SUPP_INV* 代表供应商创新，借鉴已有文献的设定（Chu 等，2017；杨道广等，2017），利用供应商申请并最终获得授权的专利数衡量供应商研发创新活动的产出效率。具体等于确定“供应商—客户”关系年度的下一年度，供应商申请并最终获得的发明授权、实用新型两类专利数量之和加 1 后取自然对数①。变量 *SUPP_INV* 的值越大，供应商的创新产出越高。

6.3.2.2　解释变量

（1）客户可操控性应计（*CUST_DA*）

本章采用 *CUST_DA* 度量客户盈余信息质量，借鉴 Dechow 等（1995）的计算方法。*CUST_DA* 越小，客户盈余信息质量越高。

（2）交易强度（*SALES_RATIO*）

变量 *SALES_RATIO* 用来衡量“供应商—客户”之间的交易额比率，具体计算方法见变量定义表。*SALES_RATIO* 的值越大，“供应商—客户”之间的交易强度越高。

（3）交易稳定性（*DURATION*）

变量 *DURATION* 表示“供应商—客户”之间交易的稳定性，衡量供应商和客户还在建交易关系连续保持的总年数。*DURATION* 越大，“供应商—客户”之间的交易关系越稳定。

（4）客户的机构投资者持股比例（*CUST_INT*）

变量 *CUST_INT* 表示客户的机构投资者持股比例。*CUST_INT*

---

① 考虑到我国外观设计专利的创新含量较低，所以本书只采用技术创新含量较高的“发明授权和实用新型两类专利数量之和”衡量供应商创新水平。

越大，客户的机构投资者持股比例越高。

（5）供应商和客户之间的地理距离（*DISTANCE*）

变量 *DISTANCE* 表示供应商和客户的注册地所在城市之间的地理距离，借鉴 Chu 等（2017）一文的做法，本章采用以下公式（6-1）计算，单位为千米。*DISTANCE* 越大，供应商客户之间的地理距离越远。

$$6379 \times \arccos[\sin(Lat_i) \times \sin(Lat_j) + \cos(Lat_i) \times \cos(Lat_j) \times \cos(Long_j - Long_i)] \quad (6-1)$$

6.3.3 模型设定

本章探究客户信息如何影响供应商创新。借鉴已有文献的做法（Chu 等，2017；Dasgupta 等，2017；Chen 等，2018），本章采用以下模型设定。在控制了供应商和客户的公司特征因素后，检验客户的盈余信息质量、交易信息、治理信息以及地缘网络信息四方面如何影响供应商创新。具体检验模型如下。

$$\begin{aligned} SUPP\_INV_{jt+1} = & \beta_0 + \beta_1 X + \beta_2 SUPP\_MB_{jt} + \beta_3 SUPP\_ROA_{jt} \\ & + \beta_4 CUST\_RD_{kt} + \beta_5 CUST\_LEV_{kt} + \beta_6 SUPP\_SGRTH_{jt} \\ & + \beta_7 SUPP\_CSHLD_{jt} + \beta_8 SUPP\_SIZE_{jt} + \beta_9 SUPP\_PPE_{kt} \\ & + \beta_{10} SUPP\_AGE_{jt} + \beta_{11} SUPP\_CAPEX_{jt} + YearFixedEffects \\ & + IndustryFixedEffects + \varepsilon_{jkt} \end{aligned} \quad (6-2)$$

本章采用模型（6-2）检验假设 H6-1 至假设 H6-4。模型（6-2）中，因变量 *SUPP_INV* 表示供应商创新，解释变量为 *X*。借鉴现有文献的做法，本章控制了可能影响供应商创新的其他因素。变量 *CUST_RD* 控制了客户的研发投入，变量 *SUPP_SGRTH* 控制了供应商的销售增长，变量 *SUPP_CSHLD* 控制了供应商的现金持有。综合 Chu 等（2017）和 Dasgupta 等（2017）两篇文章中所选取的控制变量，模型中还控制了供应商或客户的基本公司特征，如公司规模（*SIZE*）、资产负债率（*LEV*）、市账率（*MB*）、公司年龄（*AGE*）、总资产报酬率（*ROA*）以及资本支出（*CAPEX*）等。此外，模型中还对年度和行业固定效应进行了控制。考虑到供应链中的客户信息传递受行业特征差异的影响较大，本书依据《证监会上市公司行业分类指引（2012）》中各大类二级行业代码对可能产生影响的行业因素进行控制。若变量 *X* 的系数β_1显著，则说明在控制了其他相关因素后，本章所关注的与客户相关的其他因素仍会影响供应商创新。

文中主要相关变量的定义如表 6 - 1 所示。

表 6 - 1　　主要变量的定义

变量名称		具体定义
被解释变量	$SUPP\_INV_{jt+1}$	供应商创新。等于确定“供应商—客户”关系的下一年度，供应商申请并最终被授权的发明专利和实用新型专利总数加 1 的自然对数
	$SUPP\_RD_{jt+1}$	供应商研发投入。等于确定“供应商—客户”关系的下一年度，供应商研发投入支出/供应商总资产的账面价值
解释变量	$CUST\_DA_{kt}$	确定“供应商—客户”关系的年度，客户可操控性应计的绝对值
	$SALES\_RATIO_{jk,t}$	确定“供应商—客户”关系的年度，等于供应商和客户之间的交易额占供应商销售总额的比例
	$DURATION_{jk,t}$	确定“供应商—客户”关系的年度，供应商和客户之间关系连续保持的总年数
	$CUST\_INT_{jk,t}$	确定“供应商—客户”关系的年度，客户的机构投资者比例，等于本年度年末机构投资者持股数/年末总股本数
	$DISTANCE_{jk,t}$	在确定“供应商—客户”关系的年度，供应商和客户之间根据经纬度计算的地理距离，单位为千米

续表

变量名称		具体定义
控制变量	$SUPP\_MB_{jt}$	确定"供应商—客户"关系的年度，供应商市账率
	$SUPP\_ROA_{jt}$	确定"供应商—客户"关系的年度，供应商的总资产报酬率
	$SUPP\_SGRTH_{jt}$	确定"供应商—客户"关系年度，供应商的营业收入增长率
	$SUPP\_CSHLD_{jt}$	确定"供应商—客户"关系年度，供应商的现金持有量
	$SUPP\_SIZE_{jt}$	确定"供应商—客户"关系年度，供应商公司规模
	$SUPP\_PPE_{jt}$	确定"供应商—客户"关系年度，供应商的固定资产额度
	$SUPP\_AGE_{jt}$	确定"供应商—客户"关系年度，供应商的公司年龄
	$SUPP\_CAPEX_{jt}$	确定"供应商—客户"关系年度，供应商的资本支出
	$CUST\_RD_{kt}$	确定"供应商—客户"关系年度，客户研发投入
	$CUST\_LEV_{kt}$	确定"供应商—客户"关系年度，客户资产负债率

6.4 实证结果与分析

6.4.1 描述性统计

表6－2报告了主要相关变量的描述性统计结果。Panel A和Panel B分别报告了供应商和客户公司特征变量的描述性统计结果。Panel C为回归模型中主要相关变量的描述性统计结果。

从表 6－2 中可以看出，客户的总资产规模（*SIZE*）均值显著大于供应商总资产规模，一定程度上说明客户在供应链的交易博弈中可能更具有优势。而客户的市账率（*MB*）、资产负债率（*LEV*）、总资产报酬率（*ROA*）和公司年龄（*AGE*）虽稍大于供应商，但并不显著。表 6－2 Panel C 中，*SUPP_INV* 衡量供应商创新，均值为 2.792。变量 *SALES_RATIO* 的均值为 0.054，表明供应商和客户之间的交易额占供应商销售总额的比率大约为 5%。变量 *DURATION* 的均值和中值均为 2 左右，表明最终样本中供应商和客户之间关系的存续时间一般为两年。变量 *CUST_INT* 的均值为 0.377，表明样本中客户的机构投资者持股比例平均为 37.7%。变量 *CUST_SOE* 的均值为 0.598，表明客户为国有企业的样本比例为 59.8%。表中所有连续变量均经过 1% 的 Winsorize。

表 6－2　　变量的描述性统计

Panel A 供应商的公司特征变量						
变量	观测值	均值	中值	最小值	最大值	标准差
SUPP_TOTALASSETS	1018	23955.05	3375.452	9.986	2405380	157948.6
SUPP_MB	1018	0.650	0.670	0.128	1.153	0.232
SUPP_LEV	1018	0.450	0.451	0.044	0.973	0.224
SUPP_ROA	1018	0.038	0.037	−0.250	0.202	0.060
SUPP_SGRTH	1018	0.143	0.107	−0.494	1.702	0.321
SUPP_AGE	1018	15.142	15	2	36	5.351
Panel B 客户的公司特征变量						
变量	观测值	均值	中值	最小值	最大值	标准差
CUST_TOTALASSETS	1018	74376.07	7232.122	153.196	2405380	276074.5
CUST_MB	1018	0.697	0.723	0.148	1.182	0.240
CUST_LEV	1018	0.518	0.537	0.065	0.901	0.196
CUST_ROA	1018	0.041	0.038	−0.117	0.167	0.045
CUST_RD	1018	0.013	0.006	0	0.081	0.017
CUST_AGE	1018	15.780	16	2	37	5.569

续表

Panel C 回归模型中的主要变量						
变量	观测值	均值	中值	最小值	最大值	标准差
SUPP_INV	1018	2.792	2.708	0	8.273	1.479
CUST_DA	1018	0.100	0.068	0.001	0.651	0.111
SALES_RATIO	1018	0.054	0.032	0.00001	0.859	0.076
DURATION	1018	2.239	2	1	11	1.673
CUST_INT	1018	0.377	0.376	0.002	0.868	0.256
DISTANCE	1018	149.907	146.313	0	655.008	112.448

注：总资产的数值以百万计。

6.4.2 相关性分析

表6-3报告了回归分析中主要变量的相关性分析结果。如表6-3所示，因变量 *SUPP_INV* 与变量 *SALES_RATIO* 的 Pearson 系数显著为正，这与预期一致。变量 *DURATION* 与变量 *SALES_RATIO* 显著正相关，说明供应商和客户之间的交易强度与交易稳定性显著正相关，这也与预期一致。而且，变量 *SALES_RATIO* 与变量 *CUST_INT* 显著正相关，表明客户的机构投资者持股比例越大或者客户为国有控股时，"供应商—客户"之间的交易强度更高。与交易强度类似，变量 *DURATION* 也与变量 *CUST_INT* 显著正相关。变量 *DURATION* 与变量 *DISTANCE* 显著负相关，表明供应商和客户之间的距离越远，"供应商—客户"关系的维系时间越短，这也与预期一致。此外，自变量之间的相关系数均在-0.3到0.3之间，主要自变量间不存在严重的多重共线性。

6.4.3 多元回归分析

（1）客户盈余信息质量对供应商创新的影响

表6-4第（1）列为假设H6-1的回归结果。其中因变量为

表 6－3　　主要变量的相关性分析

	SUPP_INV	CUST_DA	SALES_RATIO	DURATION	CUST_INT	DISTANCE
SUPP_INV	1					
CUST_DA	0.028 (0.347)	1				
SALES_RATIO	0.127*** (0)	0.068** (0.013)	1			
DURATION	－0.034 (0.220)	0.039 (0.146)	0.148*** (0)	1		
CUST_INT	－0.005 (0.851)	0.071*** (0.008)	0.120*** (0)	0.090*** (0)	1	
DISTANCE	－0.024 (0.399)	－0.031 (0.245)	－0.017 (0.499)	－0.124*** (0)	－0.030 (0)	1

注：表中报告的是 Pearson 相关系数，***、**、* 分别表示在 1%、5%、10% 的水平上显著。

SUPP_INV，表示供应商创新。自变量为 *CUST_DA*，表示客户的盈余信息质量。在控制了其他可能影响供应商创新的供应商或客户公司特征因素后，自变量 *CUST_DA* 的系数并不显著，假设 H6－1 没有得到验证。与已有文献的实证结果类似，表中控制变量 *SUPP_MB* 和 *SUPP_ROA* 的系数分别在 1% 和 5% 上显著为正，说明供应商的市账率和资产回报率越高，越有助于供应商创新。控制变量 *SUPP_SIZE* 的系数在 1% 水平上显著为正，说明供应商创新与公司规模显著正相关。

表 6－4　　客户信息影响供应商创新的回归结果

SUPP_INV	(1) CUST_DA	(2) SALES_RATIO	(3) DURATION	(4) CUST_INT	(5) DISTANCE
X_{jkt}	0.114 (0.39)	1.441** (2.48)	1.022** (2.01)	0.294** (2.00)	－0.010* (－1.90)
$SUPP\_MB_{jt}$	0.814*** (3.76)	0.808*** (3.94)	0.812*** (3.93)	0.832*** (4.00)	0.815*** (3.94)

续表

SUPP_INV	(1) CUST_DA	(2) SALES_RATIO	(3) DURATION	(4) CUST_INT	(5) DISTANCE
$SUPP\_ROA_{jt}$	1.617**	1.609**	1.744**	1.581**	1.685**
	(2.06)	(2.16)	(2.30)	(2.06)	(2.20)
$CUST\_RD_{kt}$	3.045	2.114	2.126	2.807	2.039
	(1.26)	(0.92)	(0.92)	(1.22)	(0.89)
$CUST\_LEV_{kt}$	0.220	0.270	0.203	0.269	0.186
	(0.99)	(1.31)	(1.00)	(1.28)	(0.91)
$SUPP\_SALESGROWTH_{jt}$	-0.114	-0.119	-0.114	-0.134	-0.115
	(-0.90)	(-0.97)	(-0.90)	(-1.04)	(-0.91)
$SUPP\_CASHHOLDING_{jt}$	0.114	0.037	0.072	0.104	0.063
	(0.60)	(0.20)	(0.38)	(0.55)	(0.34)
$SUPP\_SIZE_{jt}$	0.651***	0.634***	0.654***	0.667***	0.653***
	(16.36)	(16.25)	(17.10)	(17.46)	(17.01)
$SUPP\_PPE_{jt}$	-0.113	-0.071	-0.072	-0.103	-0.080
	(-0.58)	(-0.37)	(-0.38)	(-0.54)	(-0.42)
$SUPP\_AGE_{jt}$	-0.023	-0.098	-0.076	-0.046	-0.068
	(-0.20)	(-0.87)	(-0.68)	(-0.41)	(-0.62)
$SUPP\_CAPEX_{jt}$	0.472	0.764	0.824	0.899	0.843
	(0.65)	(1.09)	(1.17)	(1.27)	(1.19)
Constant	-12.083***	-11.520***	-11.994***	-12.138***	-11.911***
	(-15.01)	(-14.46)	(-15.58)	(-15.64)	(-15.18)
Year	Control	Control	Control	Control	Control
Industry	Control	Control	Control	Control	Control
Observations	1018	1018	1018	1018	1018
$Adj-R^2$	0.5224	0.5272	0.5244	0.5275	0.5244

注：***、**、*分别表示在1%、5%、10%的水平上显著。标准误均为聚类稳健标准误。

（2）“供应商—客户”之间的交易信息对供应商创新的影响

表6－4第（2）、第（3）列是具体的回归结果。表6－4第（2）列报告了假设H6－2a的回归结果。因变量为供应商创新（*SUPP_INV*），自变量为“供应商—客户”之间的交易强度。变量*SALES_RATIO*的系数在5%水平上显著为正，说明“供应商—客户”之间的交易强度越强，越有助于供应商创新。表6－5第（3）列回归结果中，变量*DURATION*的系数也在5%水平上显著为正，说明“供应商—客户”之间的交易关系越稳定，越有助于供应商创新。回归结果表明，在控制了其他因素后，“供应商—客户”之间的交易强度越大，交易关系越紧密，越有助于供应商创新，假设H6－2a和假设H6－2b得到验证。

（3）客户的治理信息对供应商创新的影响

表6－4第（4）列为假设H6－3的回归结果。表中，变量*CUST_INT*的系数在5%水平上显著为正，说明客户的机构投资者持股比例越高，越有助于供应商创新。表6－4的实证回归结果表明，客户的机构投资者持股比例越高，客户较好的公司治理可以促进供应商创新，假设H6－3得到支持。

（4）“供应商—客户”之间的地缘网络信息对供应商创新的影响

假设H6－4探究“供应商—客户”之间的地理距离对供应商创新的影响，表6－4第（5）列为具体的回归结果。在表6－4中，因变量为供应商创新（*SUPP_INV*），自变量为供应商和客户之间的地理距离（*DISTANCE*）。如表中所示，自变量的系数在10%水平上显著为负。这说明，在控制了其他因素之后，供应商和客户之间相距的地理距离越远，越不利于供应商和客户之间的信息贡献，供应商创新越低。这一结果与本章的预期一致，符合地缘信息优势理论，假设H6－4得到验证。

6.4.4 进一步分析：客户信息影响供应商研发投入

以往文献主要从投入和产出两方面研究企业创新，前文已经探究了客户会计信息对供应商创新产出的影响，本部分进一步考察客户信息对供应商研发投入的影响。类似地，本书预期：当客户的盈余信息质量越高或者治理状况越好，“供应商—客户”之间的交易强度越强、交易越稳定，或者供应商和客户之间的地理距离相距越近时，越容易缓解供应链中的信息不对称程度、减少客户机会主义行为，供应商更愿意为维系供应链进行关系专用性投资，更可能进行较多的研发投入。因此，本书参考 Dasgupta 等（2017）一文的做法，探究客户信息如何影响供应商研发投入，具体模型设计如式（6－3）所示。

$$
\begin{aligned}
SUPP\_RD_{jt+1} = {} & \beta_0 + \beta_1 X + \beta_2 SUPP\_MB_{jt} + \beta_3 SUPP\_ROA_{jt} \\
& + \beta_4 CUST\_RD_{kt} + \beta_5 CUST\_LEV_{kt} + \beta_6 SUPP\_SGRTH_{jt} \\
& + \beta_7 SUPP\_CSHLD_{jt} + \beta_8 SUPP\_SIZE_{jt} + \beta_9 SUPP\_PPE_{kt} \\
& + \beta_{10} SUPP\_AGE_{jt} + \beta_{11} SUPP\_CAPEX_{jt} + YearFixedEffects \\
& + IndustryFixedEffects + \varepsilon_{jkt}
\end{aligned} \tag{6-3}
$$

式（6－3）中，因变量为供应商研发投入，自变量 X 表示各类客户信息，其他控制变量与前文定义一致。若自变量 X 的系数显著，则表明客户信息会显著影响供应商研发投入。具体回归结果见表6－5。

如表6－5所示，变量 *SALES_RATIO*、*DURATION* 的系数显著为正，与预期一致，这表明“供应商—客户”的交易强度越强、交易关系越稳定，供应商研发投入越多。

通过进一步分析客户信息对供应商研发投入的影响，本书从资金投入端对客户影响供应商研发创新决策进行了更为细致的探讨，发现当“供应商—客户”关系中的交易强度更强、交易关系更稳定时，供应商更愿意进行较多的研发投入。

表 6－5　　客户信息影响供应商研发投入的回归结果

SUPP_RD	*CUST_DA*	*SALES_RATIO*	*DURATION*	*CUST_INT*	*DISTANCE*
X_{jkt}	0.001	0.015***	0.001**	-0.002	0.001
	(0.32)	(2.68)	(2.25)	(-1.30)	(0.20)
$SUPP\_MB_{jt}$	-0.000	0.000	-0.000	-0.001	-0.000
	(-0.15)	(0.02)	(-0.04)	(-0.25)	(-0.05)
$SUPP\_ROA_{jt}$	0.032***	0.031***	0.032***	0.033***	0.033***
	(3.74)	(3.74)	(3.88)	(4.01)	(3.93)
$CUST\_RD_{kt}$	0.096***	0.095***	0.095***	0.089***	0.095***
	(3.02)	(3.14)	(3.16)	(2.92)	(3.14)
$CUST\_LEV_{kt}$	0.001	0.002	0.001	0.002	0.001
	(0.35)	(0.94)	(0.58)	(0.94)	(0.63)
$SUPP\_SALESGROWTH_{jt}$	-0.002*	-0.002	-0.002*	-0.002*	-0.002
	(-1.78)	(-1.61)	(-1.66)	(-1.69)	(-1.63)
$SUPP\_CASHHOLDING_{jt}$	0.005*	0.005*	0.005**	0.005**	0.005**
	(1.88)	(1.92)	(1.96)	(2.07)	(1.99)
$SUPP\_SIZE_{jt}$	-0.001**	-0.001***	-0.001**	-0.001**	-0.001**
	(-2.13)	(-2.76)	(-2.31)	(-2.30)	(-2.32)
$SUPP\_PPE_{jt}$	-0.004*	-0.005**	-0.005**	-0.004**	-0.005**
	(-1.85)	(-2.26)	(-2.37)	(-2.18)	(-2.22)
$SUPP\_AGE_{jt}$	-0.007***	-0.007***	-0.007***	-0.007***	-0.007***
	(-4.99)	(-5.51)	(-5.19)	(-5.42)	(-5.25)
$SUPP\_CAPEX_{jt}$	0.011	0.013	0.013	0.012	0.013
	(1.26)	(1.56)	(1.63)	(1.52)	(1.63)
Constant	0.038***	0.043***	0.037***	0.039***	0.037***
	(3.82)	(4.44)	(3.85)	(4.07)	(3.89)
Year	Control	Control	Control	Control	Control
Industry	Control	Control	Control	Control	Control
Observations	1018	1018	1018	1018	1018
$Adj-R^2$	0.4200	0.4242	0.4223	0.4219	0.4216

注：***、**、* 分别表示在 1%、5%、10% 的水平上显著。标准误均为聚类稳健标准误。

6.4.5 稳健性检验

（1）供应商创新的替代性衡量变量

为增强本书研究结论的可靠性，本书参考以往关于研发创新文献的做法（温军、冯根福，2012；孔东民等，2017），采用供应商发明专利和实用新型专利的专利申请总数或专利授权总数作为供应商创新产出的替代性衡量变量，并对假设 H6－1 至假设 H6－4 进行重新检验，回归结果见表 6－6 和表 6－7。在表 6－6 中，当以专利申请数量衡量供应商创新产出时，变量 *SALES_RATIO*、*DURATION*、*CUST_INT* 的系数显著为正，表明“供应商—客户”交易关系强度越强、越稳定，或者客户的治理状况越好，越有助于供应商创新产出。在表 6－7 中，当以专利授权数量衡量供应商创新产出时，变量 *SALES_RATIO*、*DURATION*、*DISTANCE* 的系数显著。总结而言，当用“专利申请数”和“专利授权数”作为供应商创新产出的替代性衡量变量时，得到与前文使用“申请并最终被授权专利数”基本相似的回归结果。

（2）细分样本：进一步区分供应商为制造业和非制造业样本

为增强本书研究结论的可靠性，本书又将总样本进一步细分为“供应商为制造业”和“供应商为非制造业”样本，分别对假设 H6－1 至假设 H6－4 进行分组检验。具体回归结果见表 6－8。在表 6－8 中，在“供应商为制造业”样本组中，变量 *SALES_RATIO*、*DURATION*、*CUST_INT* 的系数均显著，与前文一致，但是在“供应商为非制造业”的样本组中，解释变量的系数则不显著。这说明，客户信息影响供应商创新的回归结果主要集中于“供应商为制造业”的样本组中，而在“供应商为非制造业”的样本组中回归结果则并不显著。

（3）细分样本：将“供应商为制造业”的样本进一步细分为“供应商为高技术产业”和“供应商为非高技术产业”

考虑到制造业所包含的二级行业的多元性，且各行企业的创新水平受各二级行业特征的影响很大，本书进一步将“供应商为制造业”行业的研究样本细分为“供应商为高技术产业”和“供应商为非高技术产业”两组样本①，分别对假设 H6－1 至假设 H6－4 进行检验，具体回归结果见表 6－9。在表 6－9 中，当供应商为高技术产业时，只有“供应商—客户”之间的交易强度（*SALES_RATIO*）和交易稳定性（*DURATION*）两个解释变量显著为正。这表明，当“供应商—客户”之间的交易强度越强、交易越稳定时，越有助于高技术产业的供应商提高创新水平。

（4）避免遗漏变量问题：将所有解释变量放入模型中

为缓解可能存在的遗漏变量问题，本书也将所有解释变量放在同一模型中进行回归，得到的回归结果如表 6－10 所示。表 6－10 中，变量 *SALES_RATIO*、*CUST_INT* 和变量 *DISTANCE* 的系数显著，而变量 *CUST_DA*、*DURATION* 的系数并不显著。这表明，当客户为机构投资者持股时，或者当“供应商—客户”之间的交易强度越大、地理距离越近时，越有助于供应商创新。这与本书的主回归结果类似，本书的回归结果具有一定的稳健性。

表 6－6　　稳健性检验：采用专利申请数量衡量供应商创新

SUPP_INV	*CUST_DA*	*SALES_RATIO*	*DURATION*	*CUST_INT*	*DISTANCE*
X_{jkt}	0.110	0.706**	0.004**	0.222*	－0.001
	(0.42)	(2.27)	(2.18)	(1.71)	(－0.24)
$SUPP\_MB_{jt}$	－1.191***	－1.175***	－1.180***	－1.179***	－1.180***
	(－5.56)	(－5.71)	(－5.76)	(－5.71)	(－5.76)
$SUPP\_ROA_{jt}$	1.015	1.158	1.225	1.156	1.220
	(1.27)	(1.47)	(1.56)	(1.47)	(1.56)

①　供应商是否为高技术产业的分组依据为国家统计局印发的《高技术产业（制造业）分类（2017）》，http://www.stats.gov.cn/tjsj/tjbz/201812/t20181218_1640081.html。

续表

SUPP_INV	CUST_DA	SALES_RATIO	DURATION	CUST_INT	DISTANCE
$CUST\_RD_{kt}$	2.846	2.234	2.216	2.820	2.206
	(1.36)	(1.13)	(1.12)	(1.41)	(1.12)
$CUST\_LEV_{kt}$	0.108	0.115	0.081	0.136	0.078
	(0.59)	(0.66)	(0.48)	(0.78)	(0.46)
$SUPP\_SALESGROWTH_{jt}$	-0.159	-0.146	-0.146	-0.163	-0.146
	(-1.20)	(-1.13)	(-1.12)	(-1.24)	(-1.13)
$SUPP\_CASHHOLDING_{jt}$	-0.068	-0.073	-0.059	-0.054	-0.062
	(-0.36)	(-0.40)	(-0.33)	(-0.29)	(-0.34)
$SUPP\_SIZE_{jt}$	0.736***	0.732***	0.743***	0.750***	0.742***
	(17.47)	(18.20)	(18.66)	(18.79)	(18.64)
$SUPP\_PPE_{jt}$	-0.130	-0.108	-0.112	-0.121	-0.112
	(-0.66)	(-0.56)	(-0.58)	(-0.63)	(-0.58)
$SUPP\_AGE_{jt}$	-0.125	-0.158	-0.146	-0.136	-0.146
	(-1.13)	(-1.44)	(-1.35)	(-1.25)	(-1.34)
$SUPP\_CAPEX_{jt}$	0.326	0.587	0.607	0.634	0.609
	(0.46)	(0.84)	(0.86)	(0.90)	(0.87)
Constant	-13.208***	-13.015***	-13.253***	-13.311***	-13.235***
	(-16.09)	(-16.30)	(-17.00)	(-16.99)	(-16.76)
Year	Control	Control	Control	Control	Control
Industry	Control	Control	Control	Control	Control
Observations	1018	1018	1018	1018	1018
$Adj-R^2$	0.6074	0.6093	0.6087	0.6094	0.6087

注：***、**、*分别表示在1%、5%、10%的水平上显著。标准误均为聚类稳健标准误。

表6-7　　稳健性检验：采用专利授权数量衡量供应商创新

SUPP_INV	CUST_DA	SALES_RATIO	DURATION	CUST_INT	DISTANCE
X_{jkt}	0.154	0.736**	0.019**	-0.209	-0.001*
	(0.59)	(2.30)	(2.01)	(-1.64)	(-1.86)
$SUPP\_MB_{jt}$	-0.872***	-0.895***	-0.902***	-0.904***	-0.898***
	(-4.18)	(-4.45)	(-4.46)	(-4.44)	(-4.44)
$SUPP\_ROA_{jt}$	1.096	0.988	1.060	1.061	1.041
	(1.54)	(1.40)	(1.51)	(1.50)	(1.50)

续表

SUPP_INV	CUST_DA	SALES_RATIO	DURATION	CUST_INT	DISTANCE
$CUST\_RD_{kt}$	2.021	1.821	1.825	1.835	1.723
	(0.96)	(0.91)	(0.91)	(0.91)	(0.87)
$CUST\_LEV_{kt}$	0.206	0.208	0.177	0.239	0.155
	(1.21)	(1.26)	(1.10)	(1.43)	(0.97)
$SUPP\_SALESGROWTH_{jt}$	-0.146	-0.123	-0.119	-0.131	-0.121
	(-1.21)	(-1.03)	(-0.99)	(-1.08)	(-1.01)
$SUPP\_CASHHOLDING_{jt}$	0.076	0.084	0.097	0.116	0.084
	(0.42)	(0.49)	(0.56)	(0.66)	(0.48)
$SUPP\_SIZE_{jt}$	0.664***	0.668***	0.677***	0.680***	0.676***
	(15.41)	(16.47)	(16.69)	(16.54)	(16.53)
$SUPP\_PPE_{jt}$	-0.218	-0.226	-0.210	-0.229	-0.206
	(-1.12)	(-1.19)	(-1.11)	(-1.20)	(-1.07)
$SUPP\_AGE_{jt}$	-0.133	-0.159	-0.151	-0.138	-0.158
	(-1.19)	(-1.45)	(-1.39)	(-1.26)	(-1.44)
$SUPP\_CAPEX_{jt}$	-0.671	-0.274	-0.287	-0.306	-0.271
	(-0.97)	(-0.41)	(-0.43)	(-0.45)	(-0.40)
Constant	-12.659***	-12.495***	-12.700***	-12.705***	-12.540***
	(-15.58)	(-15.85)	(-16.34)	(-16.21)	(-15.82)
Year	Control	Control	Control	Control	Control
Industry	Control	Control	Control	Control	Control
Observations	1018	1018	1018	1018	1018
$Adj-R^2$	0.6092	0.6082	0.6079	0.6062	0.6087

注：***、**、*分别表示在1%、5%、10%的水平上显著。标准误均为聚类稳健标准误。

表 6-8 稳健性检验：细分样本——区分制造业和非制造业样本

SUPP_INV	CUST_DA		SALES_RATIO		DURATION		CUST_INT		DISTANCE	
	制造业	非制造业	制造业	非制造业	制造业	非制造业	制造业	非制造业	制造业	非制造业
X_{jkt}	0.336	-0.780	1.486**	-1.602	1.013* **	-0.032	0.292*	0.063	-0.020	-0.001
	(1.03)	(-1.06)	(2.34)	(-1.00)	(2.58)	(-0.47)	(1.81)	(0.17)	(-1.57)	(-1.14)
$SUPP\_MB_{jt}$	-0.838***	-0.255	-0.852***	-0.323	-0.852***	-0.360	-0.844***	-0.340	-0.857***	-0.308
	(-3.61)	(-0.47)	(-3.92)	(-0.60)	(-3.86)	(-0.67)	(-3.81)	(-0.63)	(-3.88)	(-0.57)
$SUPP\_ROA_{jt}$	2.054**	-1.458	1.776**	-0.889	1.882**	-0.844	1.930**	-1.286	1.826**	-0.502
	(2.33)	(-0.78)	(2.16)	(-0.47)	(2.24)	(-0.45)	(2.29)	(-0.69)	(2.14)	(-0.27)
$CUST\_RD_{kt}$	3.069**	3.230	2.667**	-0.276	2.489**	0.657	2.759**	1.711	2.399**	0.766
	(2.24)	(0.51)	(2.14)	(-0.04)	(2.06)	(0.11)	(2.17)	(0.27)	(2.03)	(0.13)
$CUST\_LEV_{kt}$	0.294	0.174	0.334	0.183	0.242	0.246	0.351	0.101	0.237	0.100
	(1.27)	(0.28)	(1.55)	(0.32)	(1.14)	(0.43)	(1.58)	(0.17)	(1.12)	(0.17)
SUPP_	-0.174	0.211	-0.148	0.145	-0.147	0.161	-0.186	0.191	-0.151	0.201
$SALESGROWTH_{jt}$	(-1.26)	(0.83)	(-1.12)	(0.56)	(-1.09)	(0.61)	(-1.35)	(0.71)	(-1.12)	(0.79)
SUPP_	-0.017	0.244	-0.074	0.125	-0.021	0.104	-0.006	0.167	-0.032	0.115
$CASHHOLDING_{jt}$	(-0.09)	(0.52)	(-0.39)	(0.26)	(-0.11)	(0.22)	(-0.03)	(0.36)	(-0.16)	(0.24)
$SUPP\_SIZE_{jt}$	0.725***	0.281**	0.714***	0.284**	0.732***	0.320***	0.735***	0.335***	0.732***	0.309***
	(18.46)	(2.52)	(18.73)	(2.36)	(19.39)	(2.87)	(19.43)	(2.83)	(19.35)	(2.77)

续表

SUPP_INV	CUST_DA		SALES_RATIO		DURATION		CUST_INT		DISTANCE	
	制造业	非制造业	制造业	非制造业	制造业	非制造业	制造业	非制造业	制造业	非制造业
$SUPP\_PPE_{jt}$	-0.282	-0.005	-0.233	0.096	-0.272	0.218	-0.285	0.153	-0.280	0.272
	(-1.32)	(-0.01)	(-1.13)	(0.20)	(-1.32)	(0.49)	(-1.38)	(0.33)	(-1.35)	(0.60)
$SUPP\_AGE_{jt}$	-0.087	0.192	-0.145	-0.030	-0.111	-0.038	-0.096	0.035	-0.110	0.011
	(-0.73)	(0.71)	(-1.20)	(-0.11)	(-0.93)	(-0.14)	(-0.80)	(0.13)	(-0.92)	(0.04)
$SUPP\_CAPEX_{jt}$	0.086	0.401	0.535	0.234	0.584	0.417	0.532	0.595	0.574	0.541
	(0.11)	(0.20)	(0.70)	(0.13)	(0.77)	(0.23)	(0.70)	(0.33)	(0.75)	(0.30)
Constant	-13.371***	-5.821***	-12.772***	-5.652**	-13.210***	-6.479***	-13.352***	-6.777***	-13.199***	-6.203***
	(-13.93)	(-2.77)	(-13.52)	(-2.41)	(-14.07)	(-3.07)	(-14.39)	(-3.07)	(-14.16)	(-2.91)
Year	Control	Control	Control	Control	Control	Control	Control	Control	Control	Control
Industry	Control	Control	Control	Control	Control	Control	Control	Control	Control	Control
Observations	783	235	783	235	783	235	783	235	783	235
$Adj-R^2$	0.5067	0.6335	0.5089	0.6351	0.4223	0.6338	0.5086	0.6366	0.5049	0.6359

注：***、**、*分别表示在1%、5%、10%的水平上显著。标准误均为聚类稳健标准误。

表 6-9　　稳健性检验：细分样本——区分供应商高技术产业和非高技术产业

SUPP_INV	CUST_DA		SALES_RATIO		DURATION		CUST_INT		DISTANCE	
	高技术	非高技术	高技术	非高技术	高技术	非高技术	高技术	非高技术	高技术	非高技术
X_{jkt}	0.658	0.050	1.786***	3.328	1.041**	0.047	-0.304	-0.250	-0.001	0.001
	(1.58)	(0.10)	(2.97)	(0.53)	(2.42)	(1.31)	(-1.45)	(-0.96)	(-1.60)	(0.84)
$SUPP\_MB_{jt}$	-0.616**	-1.080***	-0.731***	-0.811**	-0.695**	-0.995***	-0.663**	-1.046***	-0.705**	-0.973***
	(-2.07)	(-2.87)	(-2.63)	(-2.27)	(-2.51)	(-2.77)	(-2.35)	(-2.81)	(-2.50)	(-2.68)
$SUPP\_ROA_{jt}$	3.559***	-0.351	2.968***	0.066	3.044***	-0.325	3.112***	-0.027	2.917***	-0.066
	(3.47)	(-0.24)	(3.03)	(0.05)	(3.11)	(-0.23)	(3.18)	(-0.02)	(2.85)	(-0.05)
$CUST\_RD_{kt}$	3.543	2.315	2.816	2.162	2.913	1.834	3.156	1.934	2.536	1.940
	(1.18)	(0.51)	(0.99)	(0.51)	(1.02)	(0.42)	(1.11)	(0.43)	(0.91)	(0.44)
$CUST\_LEV_{kt}$	0.194	0.559	0.169	0.794**	0.131	0.613	0.225	0.689*	0.084	0.578
	(0.69)	(1.37)	(0.64)	(2.10)	(0.51)	(1.62)	(0.83)	(1.76)	(0.34)	(1.52)
$SUPP\_SALESGROWTH_{jt}$	-0.130	-0.296	-0.111	-0.315	-0.111	-0.250	-0.155	-0.266	-0.132	-0.243
	(-0.88)	(-0.92)	(-0.77)	(-1.06)	(-0.76)	(-0.81)	(-1.05)	(-0.83)	(-0.91)	(-0.79)
$SUPP\_CASHHOLDING_{jt}$	-0.124	0.072	-0.177	0.022	-0.116	0.101	-0.114	0.068	-0.179	0.099
	(-0.49)	(0.23)	(-0.72)	(0.08)	(-0.47)	(0.33)	(-0.45)	(0.22)	(-0.72)	(0.32)
$SUPP\_SIZE_{jt}$	0.644***	0.851***	0.651***	0.776***	0.654***	0.850***	0.656***	0.853***	0.653***	0.850***
	(13.84)	(13.26)	(14.66)	(12.34)	(14.97)	(13.46)	(14.77)	(13.63)	(14.66)	(13.58)

续表

SUPP_INV	CUST_DA		SALES_RATIO		DURATION		CUST_INT		DISTANCE	
	高技术	非高技术	高技术	非高技术	高技术	非高技术	高技术	非高技术	高技术	非高技术
$SUPP\_PPE_{jt}$	0.058	-0.656**	0.043	-0.616**	0.034	-0.630**	-0.009	-0.586*	0.022	-0.592*
	(0.21)	(-2.08)	(0.16)	(-2.03)	(0.13)	(-2.04)	(-0.04)	(-1.91)	(0.08)	(-1.92)
$SUPP\_AGE_{jt}$	0.005	-0.261	-0.039	-0.517**	-0.048	-0.207	-0.029	-0.233	-0.054	-0.227
	(0.04)	(-1.14)	(-0.28)	(-2.09)	(-0.35)	(-0.92)	(-0.21)	(-1.01)	(-0.39)	(-1.00)
$SUPP\_CAPEX_{jt}$	0.540	-0.807	1.144	-0.831	1.054	-0.801	1.144	-0.743	1.066	-0.701
	(0.55)	(-0.59)	(1.22)	(-0.62)	(1.13)	(-0.59)	(1.23)	(-0.55)	(1.14)	(-0.52)
Constant	-11.858***	-15.214***	-11.377***	-13.266***	-11.414***	-15.674***	-11.602***	-15.410***	-11.214***	-15.495***
	(-11.60)	(-9.51)	(-11.59)	(-8.07)	(-11.88)	(-9.97)	(-11.95)	(-9.72)	(-11.36)	(-9.94)
Year	Control	Control	Control	Control	Control	Control	Control	Control	Control	Control
Industry	Control	Control	Control	Control	Control	Control	Control	Control	Control	Control
Observations	430	353	430	353	430	353	430	353	430	353
$Adj-R^2$	0.4720	0.5725	0.4616	0.5900	0.4625	0.6338	0.4638	0.5811	0.4635	0.5789

注：***、**、*分别表示在1%、5%、10%的水平上显著。标准误均为聚类稳健标准误。

表 6-10 稳健性检验：将所有解释变量放入模型中

	SUPP_INV
$CUST\_DA_{kt}$	0.126 (0.78)
$SALES\_RATIO_{jkt-1}$	1.223** (2.24)
$DURATION_{jkt-1}$	0.789 (1.60)
$CUST\_INT_{kt-1}$	0.278** (1.98)
$DISTANCE_{jkt-1}$	-0.008* (-1.87)
$SUPP\_MB_{jt}$	0.735*** (2.65)
$SUPP\_ROA_{jt}$	1.645** (2.02)
$CUST\_RD_{kt}$	1.786 (0.56)
$CUST\_LEV_{kt}$	0.156 (0.78)
$SUPP\_SALESGROWTH_{jt}$	-0.124 (-0.75)
$SUPP\_CASHHOLDING_{jt}$	0.068 (0.37)
$SUPP\_SIZE_{jt}$	0.613*** (14.23)
$SUPP\_PPE_{jt}$	-0.064 (-0.22)

续表

SUPP_INV	
$SUPP\_AGE_{jt}$	-0.054
	(-0.42)
$SUPP\_CAPEX_{jt}$	0.653
	(1.09)
Constant	-10.411***
	(-12.01)
Year	Control
Industry	Control
Observations	1018
$Adj-R^2$	0.4533

注：***、**、*分别表示在1%、5%、10%的水平上显著。标准误均为聚类稳健标准误。

6.5 本章小结

本章探究客户信息对供应商长期投资决策——研发创新决策的影响。本章利用2008—2016年度沪深A股非金融行业中供应商和客户均为上市公司的数据，研究客户的盈余信息质量、交易信息、治理信息及地缘网络信息四类信息是否能有效促进供应商创新。

本章的实证结果表明客户会影响供应商创新。从客户盈余信息质量、交易信息、治理信息以及地缘网络信息四方面进行研究发现，“供应商—客户”之间的交易强度越强、交易越稳定，越有助于供应商创新；客户的机构投资者持股比例越高，越有助于供应商创新；供应商和客户之间的地理距离相距越近，越有助于供应商创新。综合以上研究结论，本章认为，客户不仅会影响供应商的短期信息披露策略，而且确实会影响供应商的长期投资行为。“供应商—客户”之间的交易关系越紧密、稳定，越有助于供应链中的客户信息传递，进而提高供应商创新效率；客户的治理状况越好，越容易改善客户的信息披露质量，维系“供应商—客户”关系和谐稳定，有效促进供应商创新。

第5章中探究了客户信息是否能影响供应商的短期信息披露策略，揭示了供应链中客户信息传递效应的第一条作用路径——信息披露与监督。以第5章为基础，本章以公司的长期投资决策行为——研发创新决策为切入点，探究客户信息是否以及如何影响供应商的公司决策。本章发现供应商可以利用供应链中的客户信息共享与传递有效促进自身的研发创新，进而提高公司价值。本章认为客户信息可以影响供应商的公司决策，而且有助于分析师和投资者对公司价值判断，揭示出供应链中客户信息传递的第二条作用路径——信息共享与利用。

第7章

客户信息对供应商分析师盈余预测效率的影响研究

本章实证检验客户信息对供应商资本市场信息中介——分析师盈余预测效率的影响。本章探究，分析师预测是否会关注客户的盈余信息、交易信息、治理信息和网络信息，并利用这些信息提高盈余预测的效率，进而影响投资者对供应商的价值判断和投资决策。本章旨在为供应链中客户信息传递的作用路径之三——"信息解读与发现"的合理性提供大样本实证的经验证据。

7.1　研究问题的提出

利益相关者理论认为，投资者、分析师等信息使用者可以利用客户信息估计供应商未来的盈利和现金流，预测供应商的公司价值（Foster，1981；Pandit 等，2011；Cheng 等，2014；Guan 等，2015）。相较投资者，分析师拥有更强的信息搜集分析能力及丰富的专业知识和经验，可以更准确有效地利用供应链中信息传递预测供应商盈余，发挥资本市场信息中介功能。

已有文献分别从不同角度研究了供应链中客户信息对分析师盈余预测的影响（Guan 等，2015；Luo 等，2015；王雄元和彭旋，

2016），然而，这些文献或是研究客户整体信息对分析师盈余预测的作用（Luo 等，2015；Guan 等，2015），或仅仅聚焦于客户的某一类信息，如交易稳定性（王雄元、彭旋，2016），并未深入分析客户信息影响供应商分析师盈余预测的作用机制。不同于现有文献的表层检验，本章结合企业供应链研究场景的独特性，以客户信息对供应商分析师预测的相关性为判断标准，归纳筛选出盈余信息、交易信息、治理信息及网络信息四类具有代表性的客户信息，探究这些客户信息是否以及如何影响分析师的修正时效，并检验其是否有利于提高分析师修正后的预测准确度。本章提出以下研究问题：客户披露的哪些信息会影响分析师对供应商的盈余预测效率？如何影响？

本章分别探究客户的盈余信息、交易信息、治理信息和网络信息如何影响供应商分析师的预测时效性以及预测准确度，并进一步检验供应商投资者对分析师修正是否有显著的市场反应。针对盈余信息，本章考察客户未预期盈余和盈余信息质量。针对交易信息，本章选择交易强度和交易稳定性作为衡量供应链交易情况的重要指标（Patatoukas，2012；王雄元和彭旋，2016）。大客户是公司重要的外部利益相关者，对供应商具有显著的治理效应（Hui 等，2012；Raman 和 Shahrur，2008）。客户的治理状况不仅直接影响自身的信息披露质量，还会经由供应链信息传递间接监督上游供应商的治理，影响供应商的信息披露，进而影响分析师对供应商的盈余预测。借鉴以往文献，本章从股权结构影响公司治理的角度切入，具体选用客户的机构投资者持股比例和国有产权属性作为代理变量侧面衡量客户治理信息。供应商和客户之间基于某种业缘、地缘或其他形式形成的社会网络可以影响供应链内的信息传递与资源分配（魏明海等，2018），本章从业缘网络、地缘网络两方面考察客户网络信息如何影响供应商分析师的盈余预测效率。

本章其余部分内容如下：第二部分对供应链中客户信息传递影

响供应商分析师盈余预测效率的文献和理论推演进行分析；第三部分介绍本章的具体研究设计；第四部分列示本章的实证回归结果，并进行相应的讨论分析；最后，总结并指出本章的创新与贡献。

7.2　理论分析与研究假设

利益相关者理论认识到供应商和客户彼此经济依赖、相互影响。供应商可以帮助客户提高产品质量、改善存货管理和运营效率，从而降低客户运营成本、提高盈利能力（Gavirneni 等，1999；Fee 和 Thomas，2004）；客户也可以影响供应商的销售收入和财务状况（Baimen 和 Rajan，2002；Kulp 等，2004；Hertzel 等，2008）。供应链管理的核心是客户需求。主要客户披露的信息既反映了自身经营和财务状况，也隐含着上游供应商甚至整个行业的发展前景，供应链中的客户信息传递有助于投资者、分析师等资本市场参与者预测供应商价值。

在证券市场中，分析师同时兼任信息使用者和信息提供者的重要角色，尽可能地利用各种渠道搜集公司的相关信息并解读、传递给其他外部信息使用者，有效连接公司内外部信息沟通，提高资本市场的资源配置效率。供应链中上下游企业间的信息互补有助于分析师获得更多关于供应商的公开或私有的增量业绩信息，缓解信息不对称，从而更及时准确地预测供应商盈余。Guan 等（2015）一文针对客户的盈余信息，研究同时跟踪供应商和客户的分析师（即“供应链分析师”）是否能更有效地利用客户信息提高其对供应商盈余的预测准确度。王雄元和彭旋（2016）一文则从交易稳定性的角度切入，认为稳定的“供应商—客户”交易关系中客户披露的信息与供应商相关性更强，分析师关注客户获得的信息含量更多，对供应商盈余的预测更准确。Luo 等（2015）分析了分析师选择成为“供应链分析师”的前因和后果，认为供应链信息传递有助于降低分析师的信息获取成本、提升预测业绩。然而，这些文献或从整体或仅从某一种客户信息的角度笼统、片面地检验客户信息是否有利于分析师盈余预测，并未深入探讨其中的作用机制。本章基于对客户信息能否提供更多、更相关、更准确的增量信息的理论分析，较为系统地探究不同类型客户信息影响供应商分析师盈余预测效率的具体作用机制。

供应商和客户本质上属于交易关系，客户的盈余信息和交易信息是分析师预测供应商盈余极为重要的信息来源。针对盈余信息，本章研究客户的未预期盈余和盈余信息质量对供应商分析师盈余预测效率的影响。客户盈余与供应商盈余之间存在联动效应，客户的盈余信息暗含着供应商盈余的潜在变化方向和幅度（Cohen 和 Frazzini，2008）。客户的未预期盈余幅度越大、盈余信息质量越高，客户盈余与供应商盈余的相关性越强，分析师越容易利用供应链中的客户信息传递获得更多、更准确的增量信息，提高预测效率。本章预期，客户未预期盈余幅度越大，盈余信息质量越高，客户盈余信息对供应商分析师的盈余预测越有用，分析师对客户盈余信息的关注度越高，修正供应商盈余预测的时间可能越快，修正后预测准确度提高的幅度也可能越高。由此提出假设 H7 - 1a 和假设 H7 - 1b。

H7 - 1a：其他条件一定时，客户的未预期盈余越大，分析师对供应商盈余预测的修正时间越快，修正后的预测准确度越高。

H7 - 1b：其他条件一定时，客户的盈余信息质量越高，分析师对供应商盈余预测的修正时间越快，修正后的预测准确度越高。

针对供应链中的交易信息，本章认为主要从以下两方面影响供应商分析师的盈余预测效率。首先，交易强度大且稳定的客户信息与供应商更相关。交易强度高、稳定性高的“供应商—客户”关系向外界传递企业业绩稳定、发展前景较好的信号，供应商和客户之间经营相关性更强，客户信息对分析师预测供应商盈余更为有用。其次，交易强度大且稳定的“供应商—客户”关系，二者彼此监督的动机和可能性更高，信息披露质量更高（Hui 等，2012；Chen 等，2008；王雄元和刘芳，2014）。当供应商与客户之间建立了较强、较稳定的交易关系，一方面，双方均投入了大量专用性资产，为减少机会主义行为、降低盈余操纵的可能性，供应商和客户有更强的动机发挥监督治理功能以提高信息披露质量；另一方面，紧密稳定的交易关系可以降低信息共享成本，便于了解彼此的经营状况，信息不对称程度更低。综上，交易强度高、稳定性高的客户信息可以为分析师预测供应商盈余提供更相关、更准确的增量信息，缓解信息不对称，分析师对客户信息的关注度更高，修正预测的反应时间可能更短，修正后预测准确度可能更高。由此提出假设 H7 -2a 和假设 H7 -2b。

H7 -2a：其他条件一定时，供应商和客户之间的交易强度越大，分析师对供应商盈余预测的修正时间越快，修正后的预测准确度越高。

H7 -2b：其他条件一定时，供应商和客户之间的交易稳定性越高，分析师对供应商盈余预测的修正时间越快，修正后的预测准确度越高。

作为公司重要的外部利益相关者，大客户对供应商有显著的治理效应。客户的治理状况不仅直接影响自身信息披露质量，也可利用供应链的信息传递监督上游供应商治理，进而影响供应商的信息披露（Hui 等，2012；Raman 和 Shahrur，2008）。本章从股权结构（机构投资者持股和国有控股）探讨客户的治理信息对供应商分析师盈余预测效率的影响。

股权结构是公司治理的基础，对公司的组织形式、经营模式以及运营效率都有十分重要的影响。大量文献认为机构投资者持股具有治理效应（Balsam 等，2002；王琨和肖星，2005）：一方面，机构投资者拥有丰富的信息获取渠道和专业的研究分析团队，信息挖掘和分析能力较强，能够分辨上市公司的好坏及其真实价值，投资持股的客户公司规模更大、业绩更好；另一方面，机构投资者同时兼具资金优势和信息优势，有动机也有能力对公司治理发挥积极的监督作用，改善客户治理，提高其信息披露质量。因此，机构投资者持股的客户信息能为分析师预测供应商盈余提供更相关、更准确的增量信息，有助于提高预测效率。

我国正处于转型经济时期，控股股东的性质会影响企业的经营决策和公司治理，并最终影响公司行为、盈利能力和市场表现（刘凤委等，2005）。相较民营企业，国有客户披露的信息更能有效提高分析师对供应商盈余的预测效率。一方面，国有客户披露的信息与供应商更相关。由于国有企业的规模较大、更容易在政治和财务上享有政府提供的各种稀缺资源（如优惠贷款、税收减免等）（Shleifer 和 Vishny，1994；Allen 等，2005）、经营业绩更为稳定，这使得供应商更愿意与国有客户形成稳定的交易关系。在供应链中，国有客户往往占据主导地位，对供应商经营的带动效应更强，国有客户披露的信息对分析师预测供应商盈余更有价值。另一方面，相较民营企业，国有客户的监管与事后惩罚机制更为严苛，进行盈余操纵的动机相对较低，信息披露质量更高（薄仙慧、吴联生，2009；刘凤委等，2005）。因而，国有客户可以为供应商的分析师提供更相关、质量更高的经营信息，缓解信息不对称，可能更有利于分析师预测供应商盈余。

根据以上分析，客户的机构投资者持股或国有产权属性，有利于改善客户治理，维系稳定的“供应商—客户”关系，提高客户信息披露质量，进而可能缩短分析师修正供应商盈余预测的反应时间，并提高修正后的预测准确度。由此提出假设 H7 - 3a 和假设 H7 - 3b。

H7 - 3a：其他条件一定时，客户的机构投资者持股比例越高，分析师对供应商盈余预测的修正时间越快，修正后的预测准确度越高。

H7－3b：其他条件一定时，若客户为国有企业，分析师对供应商盈余预测的修正时间更快，修正后的预测准确度更高。

网络信息指供应商与客户基于某种业缘、地缘或其他形式的关联而形成更紧密的网络结构。社会网络理论认为，企业处于各种关系交织形成的社会网络。实际生活中，供应商和客户之间并不仅仅存在供销关系，往往与行业、地理等关系形式复合交织成更为紧密复杂的企业网络，从而对供应链中企业间的资源交换和信息传递产生新的影响（魏明海等，2018；姚小涛、席酉民，2003）。因此，本章选取业缘网络、地缘网络两种形式的网络信息，研究其是否会影响供应商分析师的盈余预测效率。

若供应商和客户属于同一行业，二者基于业缘在交易关系之外存在行业网络关系。根据同行信息外部性理论，同行企业面临相同的行业环境和成长机会，具有类似的业务模式和会计实务操作（Lang 和 Stulz，1992），分析师对同行客户信息的信息搜集和解读成本更低。另一方面，同行业内供应商和客户的信息沟通和交流成本更低，便于彼此监督，客户信息披露的质量更高。因此，本章预期同行客户可能为供应商分析师提供更相关、更准确的增量信息，降低信息不对称，提高分析师盈余预测效率。

地理距离影响信息获取成本。首先，若供应商和客户彼此地理距离邻近，地缘信息优势可以降低供应商和客户的信息共享成本，便于实地了解彼此的经营情况、评估盈余收益与发展前景，形成良性稳定的“供应商—客户”关系（Costello，2013；Hortacus 等，2009），供应商盈余和客户盈余更相关。其次，地缘信息优势便于供应商和客户互相监督，抑制客户的机会主义行为，提高客户的信息披露质量。客户地理距离邻近还可能降低分析师搜集、解读信息的成本，为分析师预测供应商盈余提供更相关、更准确的增量信息，提高分析师的盈余预测效率。

综上，若供应商和客户属于同一行业或地理邻近，分析师修正供应商盈余预测的反应时间可能更短，修正后的预测准确度可能更高。由此提出假设 H7 -4a 和假设 H7 -4b。

H7 -4a：其他条件一定时，若供应商和客户属于同一行业，分析师对供应商盈余预测的修正时间更快，修正后的预测准确度更高。

H7 -4b：其他条件一定时，若供应商和客户地理距离邻近，分析师对供应商盈余预测的修正时间更快，修正后的预测准确度更高。

7.3 研究设计

7.3.1 样本选择与数据来源

本章中所用的前五大供应商或客户数据、分析师盈余预测数据、盈余公告实际披露日期数据、股票回报率及其他财务和公司治理数据均来自 CSMAR 数据库。

本章的具体数据处理过程如下。首先，以 2008—2016 年沪深 A 股非金融行业上市公司年报披露的前五大供应商或客户数据为基础，将其与上市公司具体名称进行匹配，得到 1844 组供应商或客户均为上市公司的配对组“供应商—客户/年”。其次，将此配对组样本与上市公司盈余公告的实际披露日期数据进行匹配，得到“供应商—客户—盈余公告日”配对组的样本量为 6976 个。再次，以所得到的“供应商—客户—盈余公告日”样本为基础，匹配供应商的分析师盈余预测数据并计算分析师对供应商的盈余预测修正，最终得到时间窗口［-365，90］内，分析师修正供应商盈余预测的样本 9200 个。借鉴 Guan 等（2015）一文的做法，只保留同一供应商的销售额占比最大的客户配对组，得到分析师修正供应商盈余预测的样本共 7284 个，其中“供应商—客户—客户盈余公告日”配对组数 2245 组。在最终回归中，本章只保留时间窗口［-365，14］内的样本，共 3571 个样本，其中“供应商—客户—客户盈余公告日”配对组数 1351 组。最后，以本章所得到的最终样本“供应商—客户—客户盈余公告日”为基础，匹配上具体实证检验过程中需要的其他数据（如股票回报率、公司规模、市账率等）。

7.3.2　主要变量

7.3.2.1　被解释变量

（1）分析师对供应商盈余预测的修正时间（*TIMELINESS*）

具体等于客户盈余公告后，分析师发布供应商盈余预测修正日与客户盈余公告日之间相隔天数的自然对数。*TIMELINESS* 越小，分析师修正供应商盈余预测越快。

（2）修正后分析师对供应商盈余的预测准确度（*POSTAFA*）

具体等于客户盈余公告日后 14 天内，分析师最近一次对供应商的盈余预测与供应商年报实际披露的每股盈余之间的偏差，*POSTAFA* 越小，修正后的分析师预测准确度越高。

7.3.2.2　解释变量

（1）客户未预期盈余信息［*ABS*（*CES*）］

客户未预期盈余的绝对值，*ABS*（*CES*）越大，客户未预期盈余的增量信息越多。

（2）客户盈余信息质量（*CUST_DA*）

借鉴 Jones 修正模型（Dechow，1995）的计算方法，本章采用可操控性应计衡量客户的盈余信息质量。*CUST_DA* 越小，客户盈余信息质量越高。

（3）交易强度（*SALES_RATIO*）

具体等于供应商和客户之间交易额占供应商销售总额的比例。*SALES_RATIO* 越大，“供应商—客户”之间的交易强度越强。

（4）交易稳定性（*DURATION*）

具体等于供应商和客户之间交易关系连续保持的总年数。*DURATION* 越大，“供应商—客户”之间的交易关系越稳定。

（5）客户的机构投资者持股比例（*CUST_INT*）

具体等于本年度年末机构投资者持股数量/年末总股本数。

（6）客户的国有属性（*CUST_SOE*）

CUST_SOE 为虚拟变量，衡量客户的国有产权属性，即是否为国有控股。若客户为国有控股企业，*CUST_SOE* =1，若客户为非国有控股企业，*CUST_SOE* =0。

（7）供应商和客户是否属于同一行业（*COMIND*）

若供应商和客户属于同一行业，则等于1，否则，等于0。

（8）供应商和客户之间是否地理距离邻近（*IF_CLOSE*）

若供应商和客户之间地理距离邻近，则等于1，否则，等于0。

7.3.2.3 控制变量

借鉴现有文献（Guan 等，2015；Hilary 和 Shen，2013），本章在模型中对供应商、客户和分析师特征等进行控制，具体的控制变量名称及定义如表 7－1 所示。

表 7－1　　变量定义表

变量名称		具体定义
被解释变量	$TIMELINESS_{ijkt}$	分析师修正供应商盈余预测的及时性，等于 *REV_DAYS* 加 1 的自然对数
	REV_DAYS_{ijkt}	分析师修正供应商盈余预测的时间，等于客户盈余公告后，分析师发布供应商盈余预测修正日与客户盈余公告日之间相隔天数
	$POSTAFA_{ijkt}$	等于客户盈余公告后 14 天内分析师最近一次对供应商的每股盈余预测值与该次分析师报告后最近一次供应商年报实际披露的每股盈余值之差的绝对值，并除以客户盈余公告日前一天供应商的股价

续表

变量名称		具体定义
解释变量	CES_{kt}	客户未预期盈余，等于本年度年末客户实际盈余公告的每股盈余减去客户盈余公告前分析师对客户每股盈余的一致预测值，除以客户盈余公告年度年初的客户股价
	ABS（CES_{kt}）	客户未预期盈余的绝对值
	ES_{jt}	供应商未预期盈余，等于本年度年末供应商实际盈余公告的每股盈余减去供应商盈余公告前分析师对供应商每股盈余的一致预测值，除以供应商盈余公告年度年初的供应商股价
	ABS（ES_{jt}）	供应商未预期盈余的绝对值
	$PREAFA_{ijkt}$	具体等于客户盈余公告前分析师最近一次对供应商的每股盈余预测值与该次分析师报告后最近一次供应商年报实际披露的每股盈余值之差的绝对值，并除以客户盈余公告日前一天供应商的股价
	$CUST\_DA_{k,t-1}$	客户的可操控性应计，借鉴 Jones 修正模型（Dechow，1995）的计算方法
	$SALES\_RATIO_{jk,t-1}$	等于供应商和客户之间的交易额占供应商销售总额的比例
	$DURATION_{jk,t-1}$	供应商和客户之间关系连续保持的总年数
	$CUST\_INT_{jk,t-1}$	等于本年度年末机构投资者持股数/年末总股本数
	$CUST\_SOE_{jk,t-1}$	确定“供应商—客户”关系的年度，客户是否为国有企业，若为国有企业，则 $CUST\_SOE_{jk,t-1}=1$，否则，$CUST\_SOE_{jk,t-1}=0$
	$COMIND_{jk,t-1}$	若供应商和客户属于同一行业，则 $COMIND_{jk,t-1}=1$，否则，$COMIND_{jk,t-1}=0$
	$DISTANCE_{jk,t-1}$	供应商和客户之间根据经纬度计算的地理距离，单位为千米
	$IF\_CLOSE_{jk,t-1}$	若供应商和客户之间的地理距离低于样本中位数，则二者地理距离邻近，$IF\_CLOSE_{jk,t-1}=1$，否则，$IF\_CLOSE_{jk,t-1}=0$

续表

变量名称		具体定义
控制变量	$SUPP\_RET_{jt}$	供应商累计超额回报率，表示从上一次分析师发布供应商盈余预测日到客户盈余公告日之间，供应商经市场调整过的累计超额回报率，用来控制其他可能影响分析师预测修正的因素
	$ABS(SUPP\_RET_{jt})$	供应商累计超额回报率的绝对值
	NUM_FIRM_{it}	分析师跟踪的公司数
	NUM_IND_{it}	分析师跟踪的行业数
	$FIRM\_EXP_{ijt}$	分析师跟踪供应商的年数，用来衡量分析师对公司的熟悉程度
	GEN_EXP_{it}	分析师发布盈余预测的总年数，用来衡量分析师的一般经验
	$BROKER\_SIZE_{it}$	分析师所在投资机构的分析师数
	FOR_FREQ_{ijt}	分析师对供应商做出的盈余预测数，用来衡量分析师的努力程度
	$PREFRCHRZ_{jt}$	本期客户盈余公告前，分析师上一次盈余预测与本次客户盈余公告之间相隔的天数
	NUM_OTHANA_{jt}	跟踪同一供应商的其他分析师数
	$SUPP\_SIZE_{jt-1}$	供应商规模
	$DUM\_SEASON1$	控制季报类型的虚拟变量，如果为一季报，则 $DUM\_SEASON1=1$，否则 $DUM\_SEASON1=0$
	$DUM\_SEASON2$	控制季报类型的虚拟变量，如果为中报，则 $DUM\_SEASON2=1$，否则 $DUM\_SEASON2=0$
	$DUM\_SEASON3$	控制季报类型的虚拟变量，如果为三季报，则 $DUM\_SEASON3=1$，否则 $DUM\_SEASON3=0$
	$POST\_TIME_{jkt}$	控制供应商或客户季报发布时间先后的虚拟变量，若供应商先于客户发布季报，$POST\_TIME=1$，否则，$POST\_TIME=0$

7.3.3　模型设定

本章主要探究客户信息如何影响供应商分析师的盈余预测效率。借鉴以往相关文献（Guan 等，2015；Hilary 和 Shen，2013），具体采用以下实证方法。

本章采用式（7 - 1）的 Logit 回归模型检验客户信息如何影响分析师对供应商盈余预测的修正时间。

$$\begin{aligned} TIMELINESS_{ijkt} = {} & \alpha_1 + \beta_1 X_{jkt-1} + \beta_2 ABS(CES_{jkt}) + \beta_3 ABS(ES_{jt}) \\ & + \beta_4 ABS(SUPP\_RET_{jkt}) + \beta_5 NUM\_FIRM_{it} \\ & + \beta_6 NUM\_IND_{it} + \beta_7 FIRM\_EXP_{ijt} + \beta_8 GEN\_EXP_{it} \\ & + \beta_9 BROKER\_SIZE_{it} + \beta_{10} FOR\_FREQ_{ijt} \\ & + \beta_{11} PREFRCHRZ_{ijkt} + \beta_{12} NUM\_OTHANA_{ijt} \\ & + \beta_{13} SUPP\_SIZE_{jt-1} + \beta_{14} DUM\_SEASON1_t \\ & + \beta_{15} DUM\_SEASON2_t + \beta_{16} DUM\_SEASON3_t \\ & + \beta_{17} POST\_TIME_{jkt} + YearFixedEffects \\ & + IndustryFixedEffects + \varepsilon_{ijkt} \end{aligned} \qquad (7-1)$$

在模型（7 - 1）中，因变量 $TIMELINESS_{ijkt}$ 表示分析师对供应商盈余预测的修正时间。变量 X_{jkt-1} 表示客户披露的各种信息，变量 ABS（CES_{jkt}）表示客户未预期盈余信息。由于上市公司发布盈余公告的时间较为集中，本章引入变量 ABS（ES_{jt}）以控制由于信息泄露或其他原因造成的供应商自身盈余信息对分析师修正供应商盈余预测的影响。$SUPP\_RET_{jkt}$ 表示从上一次分析师发布供应商盈余预测日到客户盈余公告日之间，供应商经市场调整的累计超额回报率，取绝对值后用来控制其他可能影响分析师修正预测的信息。虚拟变量 $POST\_TIME_{jkt}$ 用来控制供应商和客户发布季报的时间顺序对分析师修正的影响。借鉴以往文献，模型中加入了分析师特征、供应商规模以及行业固定效应和年度固定效应等控制变量。根据假设 H7 - 1 至假设 H7 - 4，本章预期如果系数 β_1 和 β_2 显著，说明在控制了其他因素后，客户信息对供应商分析师的修正时间有显著影响。

为检验客户信息如何影响修正后分析师对供应商盈余的预测准确度，本章分别将样本根据各类客户信息按中值进行分组，然后对变量 *POSTAFA* 进行分组单变量检验。在单变量检验结果中，若两组 *POSTAFA* 的均值存在显著差异，则说明客户信息对修正后分析师预测准确度有显著影响。

7.4 实证结果与分析

7.4.1 描述性统计

表 7－2 报告了本章回归模型中各主要变量的描述性统计结果。从表 7－2 可以看出，在总样本中变量 *TIMELINESS* 的均值为 1.386，变量 *REV_DAYS* 的均值为 4.251。这表明分析师平均在客户盈余公告后的第 5 天内修正对供应商的盈余预测。变量 *SALES_RATIO* 的均值为 0.034，这表明样本中供应商和客户之间的交易比率平均值为 3.4%。变量 *DURATION* 的均值为 2.427，说明样本中“供应商—客户”交易关系的维系年限为 3 年左右。变量 *HIGH_MKT* 的均值为 0.775，说明样本中 77.5% 的客户位于高市场化水平地区。*COMIND* 的均值为 0.226，说明 22.6% 的样本中供应商和客户属于同一行业。表中还对回归模型中的其他控制变量进行了描述性统计，所有连续变量均经过 1% 的 Winsorize。

表 7－2　　变量的描述性统计表

变量	样本数	均值	中值	最小值	最大值	标准差
TIMELINESS	3314	1.354	1.386	0	2.708	0.833
REV_DAYS	3314	4.251	3	0	14	3.816

续表

变量	样本数	均值	中值	最小值	最大值	标准差
ABS（*CES*）	3314	0.043	0.026	0.001	0.288	0.052
ABS（*ES*）	3314	0.031	0.020	0.001	0.202	0.035
POSTAFA	3314	0.017	0.010	1.06e-09	0.135	0.023
CUST_DA	3314	0.052	0.035	0.001	0.256	0.052
SALES_RATIO	3314	0.034	0.018	0.000	0.599	0.050
DURATION	3314	2.427	2	1	11	1.911
CUST_INT	3314	0.377	0.381	0.0004	0.892	0.251
HIGH_MKT	3314	0.775	1	0	1	0.418
COMIND	3314	0.226	0	0	1	0.418
DISTANCE	3314	712.234	584.170	0	3271.180	673.104

7.4.2　相关性分析

表7-3报告了各主要回归变量的相关性分析结果。其中，变量*TIMELINESS*与*ABS*（*CES*）、*SALES_RATIO*以及*HIGH_MKT*均显著负相关，表示客户未预期盈余越大、交易强度越大以及客户位于高市场化程度地区时，分析师对供应商盈余预测的修正更及时，这与预期一致。同时，变量*ABS*（*CES*）和*ABS*（*ES*）也在1%水平上显著正相关，意味着供应商未预期盈余与客户未预期盈余显著正相关，这也与预期相符。*POSTAFA*与*SALES_RATIO*、*DURATION*和*COMIND*显著负相关，与*CUST_DA*、*DISTANCE*显著正相关，意味着交易强度越大、交易越稳定、与供应商属于同一行业的客户信息有助于提高分析师修正后的预测准确度，而盈余质量较低、与供应商相距较远的客户信息则不利于提高分析师预测准确度，这也与预期一致。其他自变量与因变量的相关性并不明显，可能是因为未控制更多其他因素的影响。从自变量之间的相关性来看，相关系数在-0.3到0.3之间，主要自变量之间不存在严重的多重共线性。

表 7-3　　主要变量的相关性分析

	TIMELINESS	ABS (CES)	ABS (ES)	CUST_DA	SALES_RATIO	DURATION	CUST_INT	HIGH_MKT	COMIND	DISTANCE	POSTAFA
TIMELINESS	1										
ABS (CES)	-0.071***	1									
	(0)										
ABS (ES)	-0.008	0.141***	1								
	(0.627)	(0)									
CUST_DA	0.018	-0.015	0.017	1							
	(0.095)	(0.398)	(0.319)								
SALES_RATIO	-0.046***	0.009	-0.036**	-0.125***	1						
	(0.009)	(0.618)	(0.037)	(0)							
DURATION	-0.023	-0.023	-0.050***	-0.163***	0.232***	1					
	(0.183)	(0.190)	(0.004)	(0)	(0)						
CUST_INT	-0.022	0.053***	-0.004	-0.143***	0.218***	0.225***	1				
	(0.205)	(0.002)	(0.816)	(0)	(0)	(0)					
HIGH_MKT	-0.037**	-0.226***	-0.021	0.016	-0.046***	-0.138***	-0.112***	1			
	(0.032)	(0)	(0.225)	(0.353)	(0.008)	(0)	(0)				
COMIND	0.021	0.005	-0.063***	0.034*	0.069***	0.191***	0.036**	0.053***	1		
	(0.221)	(0.772)	(0.000)	(0.050)	(0.000)	(0)	(0.036)	(0.002)			
DISTANCE	0.010	-0.009	0.057***	0.025	-0.124***	-0.190***	-0.029	0.027	0.004	1	
	(0.564)	(0.608)	(0.001)	(0.152)	(0)	(0)	(0.100)	(0.116)	(0.817)		
POSTAFA	-0.032*	0.099***	0.761***	0.052***	-0.109***	-0.088***	-0.022	0.002	-0.081***	0.079***	1
	(0.063)	(0.000)	(0.000)	(0.003)	(0.000)	(0.000)	(0.188)	(0.911)	(0.000)	(0.000)	

注：表中报告的是 Pearson 相关系数，***、**、*分别表示在 1%、5%、10% 的水平上显著。

7.4.3　回归分析

（1）分析师修正供应商盈余预测的时间分布和修正前后预测准确度变化情况

图 7－1 刻画了客户盈余公告后 90 日内分析师修正供应商盈余预测的时间分布情况。横轴表示分析师修正间隔，即分析师修正供应商盈余预测的报告发布日与客户盈余公告日之间相隔的天数，“0”表示分析师在客户盈余公告日当天发布对供应商盈余预测的修正。左侧纵轴表示在客户盈余公告后 90 日内的每日分析师修正供应商盈余预测数。从图 7－1 可以看出，分析师在客户盈余当日发布的供应商盈余预测修正数最多（634 个），占客户盈余公告后 90 日内分析师总修正数的比例为 8.70%，此后随着时间推移，分析师修正供应商盈余预测的数量逐日递减。截至客户盈余公告后第 14 天，累计分析师修正数占客户盈余公告后 90 日内总修正数的比例为 49.03%；从客户盈余公告后第 15 天开始，每日分析师修正供应商盈余预测的数量持续较少。图 7－1 说明，我国分析师确实会根据客户披露的信息修正其对供应商的盈余预测，客户盈余公告后 14 天内发生的分析师修正最有可能是因为客户信息披露的影响，因此本章选择将客户盈余公告后 14 天内的分析师预测修正作为最终的回归样本。

表 7－4 对分析师修正前后的预测准确度变化进行了单变量检验。*PREAFA* 表示修正前分析师对供应商盈余的预测准确度，*POSTAFA* 表示修正后分析师对供应商盈余的预测准确度。变量 *PREAFA* 或 *POSTAFA* 的值越小，分析师的预测误差越小，预测准确度越高，反之则越低。检验结果表明，分析师修正前对供应商盈余的预测准确度（*PREAFA*）均值为 0.024，分析师修正后预测准确度（*POSTAFA*）的均值为 0.017，差值（*POSTAFA* － *PREAFA*）为 －0.007，并且在 1% 的水平上显著，表明修正后分析师对供应

商盈余的预测准确度显著提高。

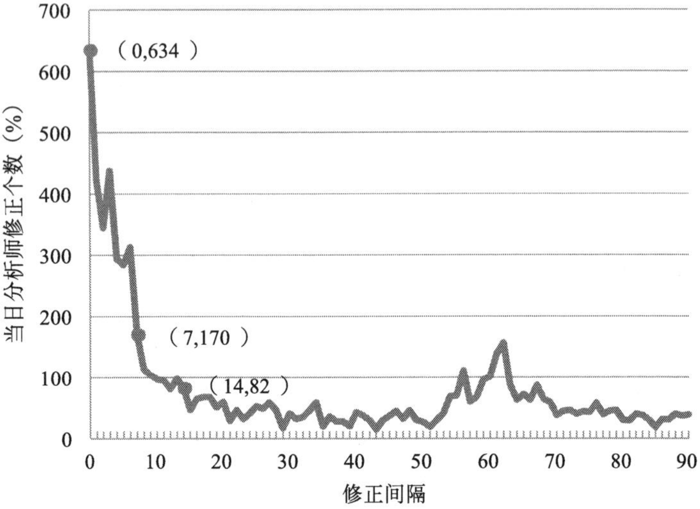

图 7－1　客户盈余公告后 90 日内分析师修正供应商盈余预测的时间分布图

表 7－4　分析师修正前后盈余预测准确度变化

	PREAFA	*POSTAFA*
N	3571	3571
Mean	0.024	0.017
Diff（＝*POSTAFA*－*PREAFA*）	－0.007***	
T－value	－24.770	

注：***、**、*分别表示在1%、5%、10%的水平上显著。

综合图 7－1 和表 7－4 的结论，客户盈余公告后分析师确实会根据客户信息修正其对供应商的盈余预测，且修正后分析师对供应商盈余的预测准确度显著提高。

（2）客户的各类信息是否以及如何影响供应商分析师的盈余预测效率？

进一步地，本章对每一类客户信息影响供应商分析师的盈余预测时效性进行检验，回归结果见表7-5。表7-5中，因变量为分析师修正供应商盈余预测的及时性（*TIMELINESS*），自变量为各类客户信息。表7-6为将样本按照各类客户信息分组后，对分析师修正后的预测准确度的单变量检验结果。

表7-5第（1）、第（2）列和表7-6 Panel A列示了假设H7-1a、H7-1b的回归结果。表7-5中自变量分别为客户未预期盈余信息［*ABS*（*CES*）］和客户盈余信息质量（*CUST_DA*）。变量*ABS*（*CES*）的系数在5%水平上显著为负，说明客户未预期盈余幅度越大，分析师修正供应商盈余预测的反应速度越快；自变量*CUST_DA*的系数在1%水平上显著为正，这说明客户的可操控性应计越小，客户盈余信息质量越高，分析师修正供应商盈余预测的反应时间越短。表7-6 Panel A中，将样本按照客户未预期盈余信息分组时，两组中分析师修正后的预测准确度并无显著差异。而将样本按照客户盈余信息质量进行分组时，"盈余信息质量高"组中，分析师修正后的预测准确度在1%水平上显著更高。以上结果表明，客户的未预期盈余信息只会缩短分析师修正供应商盈余预测的时间，却并不会影响修正后分析师的预测准确度；而高质量的客户盈余信息既有利于加快分析师修正的反应速度，又能提高修正后的预测准确度。

表7-5第（3）、第（4）列和表6 Panel B为假设H7-2的回归结果。表7-5中，自变量*SALES_RATIO*和*DURATION*的系数分别在1%和10%水平上显著为负，这说明供应商和客户之间的交易强度越大、越稳定，分析师修正供应商盈余预测的反应时间越短。表7-6 Panel B中，将样本按照交易强度高低分组时，"交易强度高"组中，分析师修正后的预测准确度在1%水平上显著更高。将样本根据交易稳定性分组时，"交易稳定性高"组中分析师修正后的预测准确度也在1%水平上显著更高。综上，"供应商—客户"

之间的交易强度越大、越稳定，分析师修正供应商盈余预测的反应速度越快、修正后的预测准确度越高。客户的交易信息有助于提高分析师对供应商的盈余预测效率，假设 H7 – 2a 和假设 H7 – 2b 得到支持。

表 7 – 5 第（5）、第（6）列和表 7 – 6 Panel C 为假设 H7 – 3 的回归结果。表 7 – 5 中，自变量 *CUST_INT* 的系数在 1% 的水平上显著为负，变量 *CUST_SOE* 的系数则不显著。表 7 – 6 Panel C 中，"机构投资者持股高"组中，分析师修正后的预测准确度在 1% 水平上显著更高。客户的国有产权属性对分析师预测准确度并无显著影响。以上实证结果意味着，机构投资者持股客户的比例越高，分析师对供应商盈余预测的修正越快、修正后分析师的预测准确度越高；客户的国有产权属性则既不会显著影响分析师修正时间，也不会影响修正后的预测准确度。

表 7 – 5 第（7）、第（8）列和表 6 Panel D 为假设 H7 – 4 的回归结果。表 7 – 5 中自变量 *COMIND* 和 *IF_CLOSE* 的系数均在 10% 水平上显著为负。表 7 – 6 Panel D 中，供应商和客户属于同一行业、地理距离邻近时，分析师修正后的预测准确度分别在 1% 和 5% 水平上显著较高。这表明供应商和客户的同行业缘关联和地缘网络关联会显著提高分析师对供应商盈余的预测时效性和准确度，回归结果支持假设 H7 – 4a 和假设 H7 – 4b。

7.4.4　进一步分析

既然分析师会根据客户信息修正其对供应商的盈余预测，且修正后的预测准确度更高，那么供应商投资者是否能够捕获到分析师修正的信息并对此做出显著反应？为更全面地认识分析师在供应链客户信息传递中所扮演的信息中介功能，本章参考以往研究分析师修正的市场反应的文献（Livnat 和 Zhang，2012；朱红军等，2008），利用事件研究法对"供应商投资者在分析师修正日前后的

表 7-5 客户信息影响分析师对供应商盈余预测的修正时间

TIMELINESS	ABS (CES)	CUST_DA	SALES_RATIO	DURATION	CUST_INT	CUST_SOE	COMIND	IF_CLOSE
X_{jkt-1}		0.117***	-0.184***	-0.037*	-0.297***	-0.029	-0.054*	-0.068*
		(3.31)	(-4.01)	(-1.73)	(-3.45)	(-0.67)	(-1.71)	(-1.68)
ABS (CES_{jt})	-0.724**	-0.699*	-0.624*	-0.844**	-0.920**	-0.881**	-0.820**	-0.790**
	(-2.04)	(-1.94)	(-1.74)	(-2.09)	(-2.27)	(-2.19)	(-2.17)	(-2.02)
ABS(ES_{jt})	-0.138	-0.122	-0.215	-0.204	-0.299	-0.184	-0.934**	-0.881**
	(-0.25)	(-0.22)	(-0.39)	(-0.34)	(-0.50)	(-0.31)	(-2.31)	(-2.18)
ABS ($SUPP\_RET_{jkt}$)	-0.138	-0.137	-0.118	-0.128	-0.097	-0.125	-0.149	-0.118
	(-0.87)	(-0.84)	(-0.72)	(-0.70)	(-0.52)	(-0.68)	(-0.25)	(-0.20)
NUM_FIRM_{it}	-0.003***	-0.003***	-0.003***	-0.002*	-0.003**	-0.002*	-0.126	-0.138
	(-2.72)	(-2.67)	(-2.72)	(-1.94)	(-2.37)	(-1.96)	(-0.69)	(-0.75)
NUM_IND_{it}	0.012**	0.011**	0.011*	0.007	0.011*	0.007	-0.002*	-0.002*
	(2.09)	(1.97)	(1.89)	(1.18)	(1.65)	(1.19)	(-1.96)	(-1.95)
$FIRM\_EXP_{ijt}$	-0.001	-0.001	-0.001	0.003	0.005	0.003	0.008	0.007
	(-0.15)	(-0.15)	(-0.14)	(0.26)	(0.53)	(0.31)	(1.21)	(1.17)
GEN_EXP_{it}	0.013**	0.014**	0.014**	0.012*	0.011	0.012*	0.003	0.002
	(2.02)	(2.00)	(2.11)	(1.69)	(1.47)	(1.67)	(0.27)	(0.23)
$BROKER\_SIZE_{it}$	0.001	0.001	0.001	0.000	0.000	0.000	0.013*	0.012
	(1.30)	(1.08)	(1.01)	(0.29)	(0.28)	(0.30)	(1.71)	(1.65)
FOR_FREQ_{ijt}	0.024***	0.024***	0.024***	0.012	0.013*	0.012*	0.000	0.000
	(3.50)	(3.37)	(3.44)	(1.62)	(1.74)	(1.65)	(0.26)	(0.32)

续表

TIMELINESS	ABS (CES)	CUST_DA	SALES_RATIO	DURATION	CUST_INT	CUST_SOE	COMIND	IF_CLOSE
$PREFRCHRZ_{ijkt}$	-0.000	-0.000	-0.000	-0.000	-0.000	-0.000	0.012*	0.012
	(-1.51)	(-1.57)	(-1.54)	(-1.51)	(-1.30)	(-1.51)	(1.65)	(1.62)
NUM_OTHANA_{ijt}	0.001	0.001	0.001	0.003	0.003	0.003	-0.000	-0.000
	(0.77)	(0.63)	(0.54)	(1.43)	(1.47)	(1.48)	(-1.58)	(-1.50)
$SUPP\_SIZE_{jt-1}$	-0.031	-0.027	-0.067***	0.008	0.006	0.005	0.003	0.003
	(-1.48)	(-1.29)	(-2.92)	(0.36)	(0.25)	(0.20)	(1.51)	(1.60)
$DUM\_SEASON1_t$	-0.130	-0.163	-0.185	-0.474***	-0.479***	-0.482***	0.010	-0.000
	(-1.11)	(-1.29)	(-1.46)	(-3.45)	(-3.43)	(-3.51)	(0.43)	(-0.01)
$DUM\_SEASON2_t$	0.154	0.132	0.115	-0.082	-0.075	-0.089	-0.479***	-0.478***
	(1.34)	(1.06)	(0.91)	(-0.60)	(-0.54)	(-0.65)	(-3.49)	(-3.49)
$DUM\_SEASON3_t$	-0.161	-0.188	-0.206	-0.497***	-0.486***	-0.503***	-0.084	-0.086
	(-1.39)	(-1.51)	(-1.64)	(-3.64)	(-3.50)	(-3.68)	(-0.61)	(-0.63)
$POST\_TIME_{jkt}$	-0.900***	-0.905***	-0.901***	-0.910***	-0.902***	-0.908***	-0.910***	-0.910***
	(-19.76)	(-19.41)	(-19.33)	(-19.49)	(-19.43)	(-19.35)	(-19.50)	(-19.44)
Constant	2.077***	2.058***	3.047***	1.354***	1.310**	1.496***	1.318**	1.537***
	(4.51)	(4.37)	(5.85)	(2.61)	(2.44)	(2.92)	(2.57)	(2.96)
Year	Control	Control	Control	Control	Control	Control	Control	Control
Industry	Control	Control	Control	Control	Control	Control	Control	Control
Observations	3173	3173	3173	3173	3173	3173	3173	3173
$Pseudo-R^2$	0.0368	0.0377	0.0389	0.0360	0.0377	0.0363	0.0355	0.0363

注：***、**、*分别表示在1%、5%、10%的水平上显著。标准误均为聚类稳健标准误。

市场反应”进行检验，检验结果见表7-7①。

表7-6 客户信息影响分析师修正供应商盈余预测后的准确度

H7-1：客户盈余信息对分析师修正后盈余预测准确度的影响				
POSTAFA	未预期盈余低组	未预期盈余高组	盈余信息质量低组	盈余信息质量高组
N	1629	1675	1618	1803
Mean（*POSTAFA*）	0.0172	0.0169	0.0181	0.0163
Diff	-0.0003		-0.0018***	
T-value	-0.3802		-2.362	
H7-2：客户交易信息对分析师修正后盈余预测准确度的影响				
POSTAFA	交易强度低组	交易强度高组	交易稳定性低组	交易稳定性高组
N	2116	1305	919	2502
Mean（*POSTAFA*）	0.0200	0.0126	0.0189	0.0165
Diff	-0.0073***		-0.0024***	
T-value	-9.266		2.758	
H7-3：客户治理信息对分析师修正后盈余预测准确度的影响				
POSTAFA	机构投资者持股低	机构投资者持股高	客户民营企业	客户国有企业
N	1587	1834	0.0178	0.0168
Mean（*POSTAFA*）	0.0184	0.0161	1281	2140
Diff	-0.0023***		-0.0011	
T-value	3.0519		-1.314	
H7-4：客户网络信息对分析师修正后盈余预测准确度的影响				
POSTAFA	非同一行业组	同一行业组	地理距离较远组	地理距离邻近组
N	2646	775	1625	1796
Mean（*POSTAFA*）	0.0182	0.0138	0.0174	0.0170
Diff	-0.0044***		-0.0004**	
T-value	-4.762		-2.4612	

注：***、**、*分别表示在1%、5%、10%的水平上显著。

① 进一步分析的样本在原有样本的基础上进行了以下数据处理：（1）匹配供应商的股票回报率数据；（2）事件窗口定为[-2，2]；（3）为缓解客户发布盈余公告事件对供应商市场反应的影响，本书剔除了客户盈余公告发布日与分析师修正供应商盈余预测报告发布日之间相隔小于5天的样本；（4）为缓解供应商自身发布盈余公告事件对供应商市场反应的影响，本书也剔除了供应商盈余公告日与分析师修正供应商盈余预测报告发布日之间相隔小于5天的样本。

表 7-7　供应商在分析师修正供应商盈余预测日前后的市场反应（CAR）

窗口	全样本	按照分析师对供应商盈余预测的修正方向分组	
		上调预测值组	下调预测值组
[0, 0]	0.0035***	0.0056***	-0.0004*
	(18.9734)	(23.4901)	(-1.6774)
[-1, 1]	0.0079***	0.0126***	-0.0010*
	(23.1350)	(28.8682)	(-1.9330)
[-2, 2]	0.0077***	0.0139***	-0.0041***
	(17.8258)	(25.7182)	(-6.0142)

注：***、**、* 分别表示在 1%、5%、10% 的水平上显著。括号内为 t 检验值。

由表 7-7 可知，在全样本中，无论时间窗口为 [0, 0]、[-1, 1] 或 [-2, 2]，供应商投资者对分析师修正均有显著的市场反应。将样本按照分析师对供应商盈余预测的修正方向进行分组后，在分析师上调预测组中，供应商投资者对分析师修正有显著为正的市场反应；在分析师下调供应商盈余预测组中，供应商投资者对分析师修正有显著为负的市场反应。表 7-7 的检验结果说明供应商投资者能够捕获分析师修正供应商盈余预测的信息。分析师修正有助于供应商投资者更充分准确地理解客户信息，促进供应链内信息传递，也在一定程度上推动了资本市场有效性的提高。

7.4.5　稳健性检验①

为说明回归结果的稳健性，本章又选取客户盈余公告后 21 天内的分析师修正作为回归样本，依次对各个假设进行检验，得到与正文类似的回归结果，具体见表 7-8 和表 7-9。

① 考虑到同行信息传递以及样本量两方面因素，本章不进行将供应商进一步分为制造业和非制造业的稳健性检验。

表 7-8 稳健性检验：客户信息影响分析师对供应商盈余预测的修正时间

TIMELINESS	ABS（CES）	CUST_DA	SALES_RATIO	DURATION	CUST_INT	CUST_SOE	COMIND	IF_CLOSE
X_{jkt-1}		0.117***	-0.184***	-0.033*	-0.064*	0.036	-0.054*	-0.009**
		(3.31)	(-4.01)	(-1.70)	(-1.85)	(0.76)	(-1.77)	(-2.23)
ABS（CES_{jt}）	-0.724**	-0.699*	-0.624*	-0.666*	-0.276	-1.302***	-0.751**	-0.703*
	(-2.04)	(-1.94)	(-1.74)	(-1.82)	(-0.80)	(-3.04)	(-2.07)	(-1.94)
ABS(ES_{jt})	-0.138	-0.122	-0.215	-0.251	0.342	-0.088	-0.200	-0.208
	(-0.25)	(-0.22)	(-0.39)	(-0.44)	(0.65)	(-0.13)	(-0.36)	(-0.37)
ABS（$SUPP\_RET_{jkt}$）	-0.138	-0.137	-0.118	-0.160	-0.107	-0.162	-0.158	-0.159
	(-0.87)	(-0.84)	(-0.72)	(-0.98)	(-0.68)	(-0.84)	(-0.97)	(-0.97)
NUM_FIRM_{it}	-0.003***	-0.003***	-0.003***	-0.003***	-0.002**	-0.002*	-0.003***	-0.003***
	(-2.72)	(-2.67)	(-2.72)	(-2.73)	(-2.26)	(-1.80)	(-2.75)	(-2.73)
NUM_IND_{it}	0.012**	0.011**	0.011*	0.011**	0.013**	0.009	0.012**	0.011**
	(2.09)	(1.97)	(1.89)	(2.00)	(2.36)	(1.35)	(2.02)	(1.99)
$FIRM\_EXP_{ijt}$	-0.001	-0.001	-0.001	-0.001	-0.006	-0.003	-0.001	-0.001
	(-0.15)	(-0.15)	(-0.14)	(-0.10)	(-0.70)	(-0.32)	(-0.09)	(-0.09)
GEN_EXP_{it}	0.013**	0.014**	0.014**	0.014**	0.015**	0.008	0.014**	0.014**
	(2.02)	(2.00)	(2.11)	(1.99)	(2.32)	(0.95)	(2.02)	(1.97)
$BROKER\_SIZE_{it}$	0.001	0.001	0.001	0.001	0.001*	0.001	0.001	0.001
	(1.30)	(1.08)	(1.01)	(1.13)	(1.82)	(1.62)	(1.09)	(1.14)
FOR_FREQ_{ijt}	0.024***	0.024***	0.024***	0.025***	0.013*	0.021***	0.025***	0.025***
	(3.50)	(3.37)	(3.44)	(3.47)	(1.87)	(2.64)	(3.51)	(3.48)

续表

TIMELINESS	ABS (CES)	CUST_DA	SALES_RATIO	DURATION	CUST_INT	CUST_SOE	COMIND	IF_CLOSE
$PREFRCHRZ_{ijkt}$	-0.000	-0.000	-0.000	-0.000	-0.000	-0.001**	-0.000	-0.000
	(-1.51)	(-1.57)	(-1.54)	(-1.49)	(-0.15)	(-1.98)	(-1.56)	(-1.50)
NUM_OTHANA_{ijt}	0.001	0.001	0.001	0.001	0.003*	0.003	0.001	0.001
	(0.77)	(0.63)	(0.54)	(0.63)	(1.84)	(1.21)	(0.71)	(0.70)
$SUPP\_SIZE_{jt-1}$	-0.031	-0.027	-0.067***	-0.031	-0.003	-0.055**	-0.029	-0.034
	(-1.48)	(-1.29)	(-2.92)	(-1.43)	(-0.15)	(-2.23)	(-1.35)	(-1.57)
$DUM\_SEASON1_t$	-0.130	-0.163	-0.185	-0.158	0.148	-0.419***	-0.163	-0.162
	(-1.11)	(-1.29)	(-1.46)	(-1.25)	(1.20)	(-2.88)	(-1.29)	(-1.28)
$DUM\_SEASON2_t$	0.154	0.132	0.115	0.135	0.291**	-0.008	0.133	0.132
	(1.34)	(1.06)	(0.91)	(1.08)	(2.36)	(-0.05)	(1.06)	(1.05)
$DUM\_SEASON3_t$	-0.161	-0.188	-0.206	-0.190	0.110	-0.481***	-0.193	-0.193
	(-1.39)	(-1.51)	(-1.64)	(-1.51)	(0.90)	(-3.33)	(-1.53)	(-1.54)
$POST\_TIME_{jkt}$	-0.900***	-0.905***	-0.901***	-0.910***	-1.039***	-0.746***	-0.910***	-0.910***
	(-19.76)	(-19.41)	(-19.33)	(-19.49)	(-24.18)	(-14.17)	(-19.50)	(-19.44)
Constant	2.077***	2.058***	3.047***	2.101***	1.333***	2.680***	2.059***	2.171***
	(4.51)	(4.37)	(5.85)	(4.40)	(3.02)	(4.84)	(4.34)	(4.53)
Year	Control	Control	Control	Control	Control	Control	Control	Control
Industry	Control	Control	Control	Control	Control	Control	Control	Control
Observations	3314	3314	3314	3314	3314	3314	3314	3314
$Pseudo-R^2$	0.1018	0.0997	0.1004	0.0985	0.1677	0.0599	0.0986	0.0985

注：***、**、*分别表示在1%、5%、10%的水平上显著。标准误均为聚类稳健标准误。

表7-9　稳健性检验：客户信息影响分析师修正供应商盈余预测后的准确度

H7-1：客户盈余信息对分析师修正后盈余预测准确度的影响				
POSTAFA	未预期盈余低组	未预期盈余高组	盈余信息质量低组	盈余信息质量高组
N	1950	1842	1922	1870
Mean（*POSTAFA*）	0.0169	0.0171	0.0179	0.0165
Diff	0.0002		-0.0013*	
T-value	0.2165		-1.8235	
H7-2：客户交易信息对分析师修正后盈余预测准确度的影响				
POSTAFA	交易强度低组	交易强度高组	交易稳定性低组	交易稳定性高组
N	2341	1451	1009	2783
Mean（*POSTAFA*）	0.0199	0.0128	0.0186	0.0166
Diff	-0.0070***		-0.0020**	
T-value	9.3853		2.4336	
H7-3：客户治理信息对分析师修正后盈余预测准确度的影响				
POSTAFA	机构投资者持股低	机构投资者持股高	客户民营企业	客户国有企业
N	2263	1529	1415	2377
Mean（*POSTAFA*）	0.0191	0.0164	0.0183	0.0165
Diff	-0.0027***		-0.0017	
T-value	-3.158		0.9810	
H7-4：客户网络信息对分析师修正后盈余预测准确度的影响				
POSTAFA	非同一行业组	同一行业组	地理距离较远组	地理距离邻近组
N	2927	865	1792	2000
Mean（*POSTAFA*）	0.0182	0.0137	0.0172	0.0171
Diff	-0.0044***		-0.0001	
T-value	5.0871		0.0925	

注：***、**、*分别表示在1%、5%、10%的水平上显著。

7.5 本章小结

现有关于供应链中分析师行为的研究仅对客户信息是否有利于分析师盈余预测的表层现象进行检验（Guan 等，2015；Luo 等，2015；王雄元、彭旋，2016），本章以供应链为研究场景，通过将客户信息对供应商分析师盈余预测的相关性作为理论切入角度，探究客户信息对供应商分析师盈余预测效率的影响。具体而言，本章筛选并归纳出既有代表性又适用于供应链研究场景的盈余信息、交易信息、治理信息以及网络信息四类客户信息，分析每一类客户信息是否以及如何影响分析师对供应商盈余预测的修正时间以及修正后的预测准确度。进一步地，本章还对供应商投资者能否获取分析师修正供应商盈余预测的信息进行了检验。

本章的实证结果发现，分析师修正对供应商的盈余预测时会关注客户的盈余信息、交易信息、治理信息和网络信息，并利用其提高预测效率。具体而言，本章发现，客户的盈余信息（未预期盈余、盈余信息质量）、交易信息（交易强度、交易稳定性）、治理信息（客户的机构投资者持股比例）和网络信息（业缘网络信息、地缘网络信息）可以为分析师预测供应商盈余提供更多、更相关的增量信息，提高分析师修正预测的时效性。然而，只有客户的盈余信息质量、交易信息（交易强度、交易稳定性）、治理信息（机构投资者持股比例）和网络信息（业缘网络和地缘网络信息）有助于提高分析师修正后的预测准确度。进一步地，在剔除了其他可能因素的影响后，本章还发现供应商投资者对分析师修正具有显著的股票市场反应。上述结果表明，分析师预测供应商盈余时会关注客户信息，并利用其提高对供应商盈余预测的时效性，但只有高质量的客户信息有助于提高分析师修正后的预测准确度。而且，分析师利用客户信息对供应商的盈余预测能够有效帮助投资者理解客户信息并预测供应商的公司价值。

本章以供应链为研究场景，丰富了客户信息影响分析师盈余预测方面的研究。本章筛选归纳四类重要的客户信息，选用代表性较强的指标探索性地检验每类信息是否影响、如何影响供应商分析师的盈余预测效率，既系统深入地解释了客户信息影响供应商分析师盈余预测的基本作用机制，又间接验证了资本市场信息中介——分析师在供应链内客户信息传递中扮演的信息发现和解读功能，为进一步分析供应链中客户信息如何传递到供应商的资本市场揭示了一条重要的作用路径。

第8章 客户信息对供应商股票市场反应的影响研究

本章检验客户信息对供应商投资者预测供应商价值是否具有信息含量，实证探究各类客户信息对供应商股票市场反应的影响及其实证证据，为供应链中客户信息经各子路径传递的综合经济后果——引起供应商投资者的市场反应提供实证支持。

8.1 研究问题的提出

任何能够影响组织目标实现或受这种实现影响的团体或个人都是利益相关者（Freeman，1984）。与股东至上理论以追求股东利益最大化为企业目标不完全一致，利益相关者理论认为企业是所有相关利益方之间一系列多边契约的联结（Freeman 和 Evan，1990），每一契约参与者（如股东、债权人、供应商和客户等）都向企业投入了专用性资本，因而企业的目标应为所有利益相关者创造财富（Donaldson 和 Preston，1995）。其中，作为企业的直接利益相关者，供应商和客户与企业之间不仅仅是市场交易关系，还蕴含以专用性投资为基础的利益和风险关系（陈宏辉，2004）。已有研究表明，客户可以影响企业的销售收入、财务状况和发展前景等（Kulp 等，

2004；Hertzel 等，2008）；供应商也会影响企业盈利能力和运营成本（Fee 和 Thomas，2004）。主要客户披露的信息既反映了其自身的经营情况和财务状况，也反映着供应链相关企业甚至整个行业的发展状况和前景，因此投资者或其他信息使用者可以通过公司主要客户所披露的信息预测该公司的未来盈利和发展能力，即为供应链中的客户信息传递（Pandit 等，2011）。

近年来国外学者关于供应链中客户信息影响供应商投资者的行为进行了较多研究（Pandit 等，2010；Cohen 和 Frazzini，2008；Cheng 等，2014；Huang 和 Kale，2013）。我国目前正处于经济转型阶段，法律、市场等正式制度尚需进一步完善（Allen 等，2005），信息披露环境和信息质量仍不及发达国家市场（Leuz 等，2003），产品市场特征和资本市场投资者结构也均与美国存在较大差异，因此针对美国市场研究得出的结论不一定适用我国。魏明海等（2018）验证了中国情境下供应链中客户的盈余信息传递确实存在，同时结合中国产品市场和资本市场的独特性，对影响我国供应链中客户盈余信息传递过程的具体因素进行了探究。本章在已有文献的研究基础上，进一步提出以下研究问题：我国企业供应链中客户披露的哪些信息会影响供应商的股票市场反应？如何影响？具体而言，本章首先以客户发布季度报告作为基本事件，采用事件研究法检验客户信息是否会引起显著的供应商股票市场反应。其次，基于前文的研究内容及研究结论，本章筛选客户的盈余信息、交易信息、治理信息和网络信息四类信息，不仅检验其是否以及如何影响供应商的股票市场反应，而且从各类客户信息影响供应商的信息披露质量、供应商的公司决策（如研发创新等投资行为）、供应商分析师的盈余预测作为理论切入角度，较为全面地分析其作用机制，系统地验证本书第 4 章中提出供应链中客户信息传递的作用渠道。

本章余下内容安排如下：第二部分对供应链中客户信息传递影

响供应商股票市场反应的相关文献进行梳理，并对本章所提出的各个假设进行理论分析；第三部分为具体的研究设计内容；第四部分介绍本章的具体回归结果；最后，总结全文，并凝练本章的贡献与创新。

8.2 理论分析与研究假设的提出

Freeman 认为利益相关者能够影响一个组织目标的实现，或者被一个组织实现其目标过程所影响。Freeman 和 Evan（1990）则从契约理论出发，提出企业是所有相关利益者之间的一系列多边契约。Blair（1995）进一步提出利益相关者是所有向企业贡献了专用性资产并以其向公司投入的专用性资产为基础承担了公司的剩余风险和相应的剩余索取权的集团。作为直接利益相关者，供应商和客户与企业之间的经济联系十分紧密。客户可以通过影响其对企业产品和服务的需求影响企业的销售收入和发展前景（Baimen 和 Rajan，2002；Kulp 等，2004）。一旦客户面临经营困难和财务困境，它所采取的一系列措施（如减少采购量、拖欠账款或违约等）也会对企业的财务状况产生负面影响（Hertzel 等，2008）。此外，也有研究发现客户会影响供应商的产品多样性（Chen，2007）、产品质量（Inderst 和 Wey，2005）和创新活动（Battigalli 等，2007）。Patatoukas（2012）等也实证发现客户会对供应商经营绩效产生显著影响。

投资者或其他资本市场参与者可以利用供应链中的客户信息传递预测供应商公司价值，国外文献对此进行了较多研究。早在 1985 年，Olsen 和 Dietrich 就研究了零售商和供应商之间垂直的信息传递。他们以四个主要的零售商及其各自的供应商所形成的配对组为样本，采用事件研究法进行研究发现，在零售商发布月度盈余公告时，供应商的股票价格波动与零售商同步。Cohen 和 Frazzini（2008）认为当两家公司之间存在供销关系时，伙伴公司披露的信息会引起公司股价波动。Pandit 等（2011）分析了多个影响供应链内信息传递的经济因素（如供应商和客户之间联系的紧密程度、客户盈余持续性以及宏观经济的不确定性水平等）。基于此，Cheng 等（2014）的研究认为投资者对公司的客户披露的盈余消息存在过度反应，而这种过度反应在供应商自身发布盈余公告时被纠正了。Hertzel 等（2008）还检验了供应链中客户破产信息对供应商公司价值的影响，从企业破产的特殊角度对供应链中的客户信息传递进行了补充检验。除了影响供应商的股票市场反应，文献还认为客户信息可以影响机构投资者对供应商的持股和交易策略。Huang 和 Kale（2013）研究了产品市场关联与基金投资决策和绩效之间的关系，认为当同时投资供应商和客户所在行业的公司时，基金的绩效更高。同样地，Alldredge 和 Puckett（2016）也利用供应链场景研究客户信息对机构投资者持股和交易决策的影响，发现机构投资者更愿意同时持股供应商和客户公司，供应链中的信息传递可以帮助机构投资者获得显著的超额收益。相较于国外关于此话题的丰富研究，国内学者的相关研究则较少。魏明海等（2018）基于中国市场的数据，实证验证了我国企业供应链中也存在显著的客户盈余信息传递效应，且供应商对客户的经济依赖以及社会资本会对此过程产生显著的正向调节影响。与已有文献仅仅局限于探讨某一种客户信息对供应商公司价值的影响不同，本章首先检验总体客户信息是否能引起显著的供应商股票市场反应，进而将客户信息分解归纳为盈余信息、交易信息、治理信息和网络信息四类信息，探究其是否以及如何影响供应商的股票市场反应，以较为完整地揭示出客户信息传递到供应商资本市场的作用渠道。

首先，为检验客户信息对供应商股票市场反应的影响，本章提出假设 H8 - 1。

H8－1：其他条件一定时，供应商对客户信息存在显著的股票市场反应。

鉴于供应商和客户之间供需关系的实质，供应商投资者首要关注的是客户的盈余信息和交易信息。针对盈余信息，本章考察客户未预期盈余和可操控性应计信息对供应商股票市场反应的影响。首先，供应商和客户的经营活动和盈余变化存在显著的依存关系（Cohen 和 Frazzini，2008）。其次，根据前文的实证结论，客户信息不仅会参与监督并影响供应商的信息披露策略和披露质量，而且有助于提高分析师对供应商盈余的预测效率。一方面，客户的盈余信息质量越高，由于供应商和客户之间存在监督效应，供应商披露的盈余信息质量也越高，有助于投资者预测供应商盈余和公司价值。另一方面，客户未预期盈余越大、盈余信息质量越高，为供应商分析师提供的增量信息越多，分析师根据客户盈余信息修正其对供应商的盈余预测更及时、更准确。鉴于我国市场中分析师在资本市场信息传递中扮演的信息中介功能，这也有利于供应商投资者更好地理解供应链中客户的盈余信息传递，进而更有效地利用客户披露的盈余信息预测供应商公司价值。综上，客户的未预期盈余越大、盈余信息质量越高，客户盈余信息可以为投资者提供更多、更相关的增量信息，缓解信息不对称，促进供应链中的客户信息传递，有助于投资者预测供应商价值。本章预期，客户未预期盈余越大、盈余信息质量越高，客户盈余信息对供应商投资者越重要，投资者对客户盈余信息的关注度可能越高，供应商的股票市场反应也可能越显著。由此提出假设 H8－2a 和假设 H8－2b。

H8－2a：其他条件一定时，客户的未预期盈余越大，供应商的股票市场反应越显著。

H8－2b：其他条件一定时，客户的盈余信息质量越高，供应商的股票市场反应越显著。

针对交易信息，本章考察交易强度和交易稳定性对供应商股票市场反应的影响。一是交易强度和交易稳定性影响客户信息对投资者预测供应商盈余的价值。供应商和客户之间的交易强度越大、越稳定，二者关系越紧密，供应商越容易受客户未来现金流变化和财务状况的影响，其面临的经营风险（Dhaliwal 等，2016；Itzkowitz 和 Loviscek，2016）和财务风险（Dhaliwal 等，2016；Intintoli 等，2018）也越大，彼此盈余的依存程度越高，客户信息对供应商投资者预测供应商的公司价值愈有用。二是交易强度大且稳定的"供应商—客户"关系，上下游企业彼此监督，提高各自的信息披露质量。供应商或客户的高质量信息披露，可以降低信息不对称，为投资者预测供应商盈余提供更多、更准确的增量信息。三是交易强度大且稳定的"供应商—客户"关系有助于提高分析师对供应商盈余的预测效率。供应商和客户之间的交易强度越大、越稳定，分析师根据客户信息修正供应商盈余预测越及时、修正后的预测准确度越高，进而有助于供应商投资者更准确地理解客户信息，预测供应商的公司价值。基于以上三方面的理论分析，本章预期：交易强度越大、越稳定的客户信息与供应商越相关，供应商投资者对客户交易信息的关注度可能越高，供应商的股票市场反应可能越显著。由此提出假设 H8 - 3a 和假设 H8 - 3b。

H8 - 3a：其他条件一定时，供应商和客户之间的交易强度越大，供应商投资者的股票市场反应越显著。

H8 - 3b：其他条件一定时，供应商和客户之间的交易越稳定，供应商投资者的股票市场反应越显著。

客户治理状况不仅会影响公司的信息披露质量，还会影响"供应商—客户"之间的交易关系，本章从机构投资者持股和国有产权属性两方面来考察客户的治理状况。

投资者对客户进行监督的需求和能力与投资规模正相关（Grossman 和 Hart，1980；Shleifer 和 Vishny，1986）。相对于中小投资者，机构投资者具有较大的投资规模，监督客户治理行为的需求和动机较强；同时具有丰富的信息来源和专业的研究团队，便于信息获取和信息解读，有能力监督识别客户经营行为的合理合法性，抑制客户的机会主义行为（程书强，2006；薄仙慧和吴联生，2009）。因此，机构投资者持股有较强的动机和能力影响客户的公司治理，进而对供应链中的客户信息传递产生较大影响。首先，机构投资者持股客户有助于维系供应链关系持续稳定，客户披露的信息对供应商投资者的相关性更强。其次，机构投资者持股的客户自身的信息披露质量更高，而且分析师能更及时、更准确地根据其披露的信息修正对供应商的盈余预测，有利于投资者既能获得直接信息，又能从资本市场中介机构获取间接信息帮助解读，为预测供应商的公司价值获得更多、更准确可靠的增量信息。

我国的制度背景下，国有企业和非国有企业的运营和治理模式存在显著差异。相较非国有企业，国有企业的规模更大、更容易获得政府提供的各种财务和政治支持，经营业绩更稳定，更容易与供应商形成长期稳定的供应链关系，国有客户披露的信息与供应商更相关。同时，严苛的监管与事后惩罚机制抑制了国有客户的机会主义行为，国有客户的信息披露质量更高（薄仙慧和吴联生，2009；刘凤委等，2005），同时也有助于分析师提高对供应商的盈余预测效率。

综合以上分析，机构投资者持股或国有控股的客户披露的信息可以为投资者预测供应商公司价值提供更相关、更准确的增量信息，投资者对其的关注度可能更高，供应商的股票市场反应可能更显著。由此提出假设 H8 -4a 和假设 H8 -4b。

H8 -4a：其他条件一定时，客户的机构投资者持股比例越高，供应商投资者的股票市场反应越显著。

H8 -4b：其他条件一定时，若客户为国有控股，供应商投资者的股票市场反应更显著。

本章主要研究业缘网络和地缘网络两种形式的社会网络信息对

供应商股票市场反应的影响。文献认为，投资者对同行企业披露的盈余信息、破产信息和处罚信息的股票市场反应更为显著（Freeman，1992；Gleason等，2008；金智等，2011）。若供应商和客户属于同一行业，二者基于交易和同行关系形成复合网络。由于具有相同的行业环境和成长机会以及相似的业务模式和会计实务操作（Lang和Stulz，1992；金智等，2011），同行内供应商和客户的信息沟通和交流成本更低，便于彼此监督，二者的信息披露质量更高，有助于投资者直接根据供应商或客户公告获得准确信息。而且，同行客户信息有利于提高分析师对供应商盈余预测的及时性和准确度，从而便于投资者充分利用分析师对客户信息的解读以更有效地评估供应商的公司价值。由此，本章认为，同行客户披露的信息可以为投资者预测供应商价值提供更相关、更准确的增量信息，可能引起投资者更高的关注度，供应商的股票市场反应可能更强。

地理距离影响信息的获取成本。一方面，若供应商和客户的地理距离邻近，彼此信息沟通和共享的成本较低，同时便于实地核实信息真伪，供应商或客户的信息披露质量更高。另一方面，根据前文结论，地理距离邻近可以降低分析师搜集、解读信息的成本，提高分析师预测供应商盈余的有效性。因此，地理距离邻近有助于投资者直接或间接地获得更相关、更准确地客户信息，供应商对客户的股票市场反应可能更强。

本章预期，投资者对同行客户或地理距离邻近的客户所披露的信息的关注度可能更高，供应商的股票市场反应可能更显著。由此提出假设H8－5a和假设H8－5b。

H8－5a：其他条件一定时，若供应商和客户属于同一行业，供应商投资者的股票市场反应更显著。

H8－5b：其他条件一定时，若供应商和客户地理距离邻近，供应商投资者的股票市场反应更显著。

8.3 研究设计

8.3.1 样本选择与数据来源

本章中所用的前五大供应商或客户、季度报告实际披露日期、日个股回报率以及其他公司财务和治理等数据均来自 CSMAR 数据库。

本章具体的数据处理过程如下：首先，以 2008—2016 年沪深 A 股上市公司年报上披露的前五大供应商或客户数据为基础（剔除非金融行业），将其与上市公司名称相匹配，得到供应商或客户均为上市公司的配对组“供应商—客户/年”共 1844 组。然后，将其上市公司季度报告的实际披露日期数据相匹配，得到“供应商—客户—季度报告日”的样本量为 6976 个。保留同一供应商的多个客户中交易额最大的客户，得到“供应商—客户—客户季度报告日”的样本量为 5871 个。匹配上供应商的日个股回报率数据和回归过程需要用到的其他数据，删除缺失数据的样本，最终得到 3952 个“供应商—客户—季度报告日”配对组。在本章最终得到的样本中，共有 588 家供应商公司和 479 家客户公司。

8.3.2 超额回报率的计算

Ball 和 Brown（1968）研究了未预期盈余信息对股票超额回报率的影响。本章采用事件研究法计算供应商在客户发布季度报告时点的超额回报率。以客户正式发布季度报告的时点为事件日，事件窗口为［-1，1］。Kothari（2001）认为在短期事件窗口中，现有的几种超额回报率的计算方法本质上是一致的，因此短期事件窗口内对超额回报率计算方法的选择就不是一个十分关键的问题。本章采用市场调整法计算短期事件窗口的超额回报率。

$R_{i,t}=\alpha_i+\beta_i R_{m,t}+\varepsilon$，$t=[-1, 1]$

其中，$R_{i,t}$是考虑现金股利再投资的日个股回报率，$R_{m,t}$是考虑现金股利再投资、以沪深 A 股等权平均计算的综合日市场回报率。下标 i 和 t 分别表示公司和日期。在市场调整法下，超额回报率等于某支股票在某个时期的实际回报率$R_{i,t}$减去相应时期的市场组合的实际回报率$R_{m,t}$。该模型假定公司间事前预期回报率相等。公式为：

$AR_{i,t}=R_{i,t}-R_{m,t}$，$t=[-1, 1]$

8.3.3　模型设定

本章采用事件研究的方法①，参考 Pandit 等（2011）、Cheng 等（2014）的思路设定模型。在控制了供应商未预期盈余及其他供应商或客户公司特征等因素后，检验供应商的超额回报率在客户季度报告发布日的［-1，1］事件窗口中是否与客户信息显著相关。

为检验假设 H8-1 至假设 H8-5，在单变量检验的基础上，设定的检验模型如下：

$$
\begin{aligned}
SUPP\_CAR_{jt}=&\beta_0+\beta_1 X+\beta_2 ES_{jt}+\beta_2 SUPP\_CAR6_{jkt}+\beta_3 CRET1_{kt}\\
&+\beta_3 SUPP\_MB_{jt-1}+\beta_4 SUPP\_SIZE_{jt-1}+\beta_5 SUPP\_LEV_{jt-1}\\
&+\beta_6 SUPP\_ROA_{jt-1}+\beta_7 POST\_TIME_{jkt}+\beta_8 CUST\_SIZE_{kt-1}\\
&+\beta_9 CUST\_MB_{kt-1}+\beta_{10} CUST\_LEV_{kt-1}+YearFixedEffects\\
&+IndustryFixedEffects+\varepsilon_{jkt} \qquad (8-1)
\end{aligned}
$$

模型（8-1）中，因变量$SUPP_CAR_{jt}$表示在确定“供应商—客户”关系的下一年度中，供应商在客户季度报告发布日的［-1，1］事件窗口内经市场调整的累计超额回报率。自变量 X 表示客户披露的各种信息，对应前文的各个假设，具体见表 8-1。

① 由于采用事件研究的方法，本章回归过程中并不存在严重的内生性问题。

参考 Cheng 等（2014）和魏明海等（2018）的模型设定，模型（8 - 1）还控制了供应商自身的未预期盈余（$SUPP\_UES_{jt}$）、供应商动量效应（$SUPP\_CAR6_{jt}$）以及其他供应商或客户的公司特征变量。$POST_TIME_{jkt}$用来控制供应商和客户发布季度报告时间先后的影响。模型中还对行业和年度因素进行了控制。本章预期，若系数 β_1 显著，则在控制了其他因素后，客户披露的信息仍可能引起供应商显著的股票市场反应。

文中主要相关变量的定义如表 8 - 1 所示。

表 8 - 1　　　　主要变量的定义

变量名称		具体定义
被解释变量	$SUPP\_CAR_{jt}$	在确定“供应商—客户”关系的下一年度中，客户发布季度报告时点的［-1，1］事件窗口内，供应商经市场调整的累计超额回报率
解释变量	$CUST\_CAR_{kt}$	在确定“供应商—客户”关系的下一年度中，客户发布季度报告发布时点的［-1，1］事件窗口内，客户经市场调整的超额回报率
	CES_{kt}	客户未预期盈余，等于“本年度年末客户实际盈余公告的每股盈余减去客户盈余公告前分析师对客户每股盈余的一致预测值，除以客户盈余公告年度年初的客户股价”。其中，分析师对客户每股盈余的一致预测值等于“在客户盈余公告前，所有分析师最近一次关于客户的每股盈余预测值的中位数”
	$CUST\_DA_{kt}$	确定“供应商—客户”关系的下一年度中，客户的可操控性应计，借鉴 Jones 修正模型（Dechow，1995）的计算方法
	$SALES\_RATIO_{jk,t-1}$	确定“供应商—客户”关系的年度，等于“供应商和客户之间的交易额占供应商销售总额的比例”
	$DURATION_{jk,t-1}$	确定“供应商—客户”关系的年度，供应商和客户之间关系连续保持的总年数

续表

变量名称		具体定义
解释变量	$CUST\_SOE_{jk,t-1}$	确定“供应商—客户”关系的年度，客户是否为国有企业，若为国有企业，则 $CUST\_SOE_{jk,t-1}=1$，否则，$CUST\_SOE_{jk,t-1}=0$
	$CUST\_INT_{jk,t-1}$	确定“供应商—客户”关系的年度，客户的机构投资者比例，等于“本年度年末机构投资者持股数量/年末总股本数”
	$COMIND_{jk,t-1}$	在确定“供应商—客户”关系的年度，供应商和客户是否属于同一行业，若属于同一行业，则 $COMIND_{jk,t-1}=1$，否则，$COMIND_{jk,t-1}=0$
	$DISTANCE_{jk,t-1}$	在确定“供应商—客户”关系的年度，供应商和客户之间根据经纬度计算的地理距离，单位为千米
控制变量	ES_{jt}	供应商未预期盈余，等于“本年度年末供应商实际盈余公告的每股盈余减去供应商盈余公告前分析师对供应商每股盈余的一致预测值，除以供应商盈余公告年度年初的供应商股价”。其中，分析师对供应商每股盈余的一致预测值等于“在供应商盈余公告前，所有分析师最近一次关于供应商的每股盈余预测值的中位数”
	$SUPP\_CAR_{jkt}$	在客户盈余公告前六个月至前一周（[-180，-8]）内，供应商的累计超额回报率，以控制 Jegadeesh 和 Titman（1993）提出的动量效应（Momentum Effect）
	$CRET1_{kt}$	在客户盈余公告前一个月至前一周（[-30，-8]）内，客户的累计超额回报率，以控制事件日前披露的各种信息对客户股票回报率的影响（Cohen 和 Frazzini，2008）
	$SUPP\_MB_{jt-1}$	确定“供应商—客户”关系的年度，供应商的市账率

续表

变量名称		具体定义
控制变量	$SUPP\_SIZE_{jt-1}$	确定“供应商—客户”关系的年度，供应商公司规模
	$SUPP\_LEV_{jt-1}$	确定“供应商—客户”关系的年度，供应商资产负债率
	$SUPP\_ROA_{jt-1}$	确定“供应商—客户”关系的年度，供应商资产回报率
	$CUST\_SIZE_{kt-1}$	确定“供应商—客户”关系的年度，供应商公司规模
	$CUST\_MB_{kt-1}$	确定“供应商—客户”关系的年度，供应商的市账率
	$CUST\_LEV_{kt-1}$	确定“供应商—客户”关系的年度，供应商资产负债率
	$POST\_TIME_{jkt}$	虚拟变量，如果供应商在客户之后发布季度报告，则等于1，否则等于0

8.4 实证结果与分析

8.4.1 描述性统计

表8－2报告了“供应商—客户—客户季度报告日”样本中相关变量的描述性统计结果，其中Panel A和Panel B分别报告了供应商和客户的公司特征变量的描述性统计结果，Panel C则报告了回归模型中主要相关变量的描述性统计结果。

从表8－2的Panel A和Panel B可看出，供应商公司规模（*SIZE*）的均值和中值均小于客户。与较大的资产规模一致，客户的资产负债率（*LEV*）和市账率（*MB*）也比供应商稍大一些。从表 8－2 的 Panel C 中可以看出，供应商和客户之间的交易比率（*SALES_RATIO*）的均值为 0.048，表明样本中供应商和客户之间的交易占供应商总销售额的比重一般为 5% 左右。变量 *DURATION* 的均值为 2.323，表明样本中“供应商—客户”关系的维系年数一般为 2 年以上。变量 *CUST_SOE* 的均值为 0.648，说明样本中 64.8% 的客户为国有企业。变量 *COMIND* 的均值为 0.231，表明 23.1% 的样本中供应商和客户属于同一行业。表中还对其他相关变量进行了描述性统计，所有连续变量均经过 1% 的 Winsorize。

表 8－2　　　　　　　　变量的描述性统计表

变量	观测值	均值	中值	最小值	最大值	标准差
Panel A 供应商的公司特征变量						
SUPP_SIZE	3952	19.235	20.186	16.585	28.135	1.654
SUPP_MB	3952	1.210	0.797	0.102	5.345	1.044
SUPP_LEV	3952	0.351	0.479	0.044	0.972	0.205
SUPP_ROA	3952	0.038	0.028	−0.217	0.201	0.046
Panel B 客户的公司特征变量						
CUST_SIZE	3952	23.157	22.816	19.963	28.395	1.785
CUST_MB	3952	1.386	1.008	0.117	6.200	1.180
CUST_LEV	3952	0.515	0.560	0.068	0.907	0.178
CUST_ROA	3952	0.036	0.037	−0.112	0.164	0.039
Panel C 回归模型中的主要变量						
SUPP_CAR	3952	−0.008	−0.005	−0.095	0.136	0.043
CUST_CAR	3952	0.0003	−0.006	−0.104	0.143	0.037
CES	3952	−0.284	−0.047	−3.303	2.499	0.956
ES	3952	−0.432	−0.165	−4.204	3.304	1.057

续表

Panel C 回归模型中的主要变量						
变量	观测值	均值	中值	最小值	最大值	标准差
CUST_DA	3952	0.047	0.035	0.004	0.349	0.047
SALES_RATIO	3952	0.048	0.028	0.0003	0.401	0.059
DURATION	3952	2.323	2.327	1	10	1.665
CUST_SOE	3952	0.648	1	0	1	0.456
CUST_INT	3952	0.389	0.389	0.004	0.867	0.247
COMIND	3952	0.231	0	0	1	0.401
DISTANCE	3952	946.956	686.234	0	9887.285	1426.542

8.4.2 相关性分析

表 8 -3 报告了回归分析中主要变量的相关性分析结果。表中，*SUPP_CAR* 与 *CUST_CAR* 的 Pearson 相关系数在 1% 的水平上显著为正，与假设 H8 -1 的预期相符。变量 *DURATION* 和 *SUPP_CAR* 也显著正相关，这也与本章的预期一致。*SUPP_CAR* 与其他主要变量的相关系数并不显著，可能还需要进一步控制其他因素的影响。此外，从自变量之间的相关性来看，相关系数在 -0.3 到 0.3 之间，主要自变量之间不存在严重的多重共线性。

8.4.3 单变量检验

表 8 -4 反映了全样本中供应商在客户发布季度报告前后的股票市场反应（CAR）的单变量检验结果。从表 8 -4 可看出，在客户季度报告发布前后的时间窗口中（[-1，1]、[-2，2] 和 [-3，3]），供应商均存在显著的股票市场反应。这说明，供应商投资者会关注客户信息并利用其预测供应商的公司价值。

表 8-3　　主要变量的相关性分析

	SUPP_CAR	CUST_CAR	CES	ES	CUST_DA	SALES_RATIO	DURATION	CUST_SOE	CUST_INT	COMIND	DISTANCE
SUPP_CAR	1										
CUST_CAR	0.075***	1									
	(0.000)										
CES	0.021	0.052***	1								
	(0.171)	(0.001)									
ES	0.023	0.014	0.021	1							
	(0.139)	(0.350)	(0.184)								
CUST_DA	-0.014	-0.040***	-0.046***	-0.038**	1						
	(0.372)	(0.009)	(0.002)	(0.014)							
SALES_RATIO	0.005	-0.011	0.018	-0.027*	-0.040***	1					
	(0.749)	(0.473)	(0.232)	(0.085)	(0.009)						
DURATION	0.031**	-0.003	0.009	-0.003	-0.110***	0.230***	1				
	(0.048)	(0.829)	(0.541)	(0.854)	(0.000)	(0.000)					
CUST_SOE	-0.005	0.025	0.013	-0.030*	-0.068***	0.173***	0.126***	1			
	(0.768)	(0.104)	(0.415)	(0.051)	(0.000)	(0.000)	(0.000)				
CUST_INT	-0.010	0.072***	0.027*	-0.010	-0.151***	0.087***	0.091***	0.247***	1		
	(0.510)	(0.000)	(0.073)	(0.539)	(0.000)	(0.000)	(0.000)	(0.000)			
COMIND	0.020	0.004	-0.018	0.009	-0.017	0.098***	0.148***	-0.013	0.011	1	
	(0.196)	(0.800)	(0.256)	(0.573)	(0.258)	(0.000)	(0.000)	(0.405)	(0.478)		
DISTANCE	-0.021	0.013	-0.028*	0.010	0.044***	-0.023	-0.123***	-0.104***	-0.004	-0.035**	1
	(0.168)	(0.401)	(0.065)	(0.537)	(0.004)	(0.134)	(0.000)	(0.000)	(0.787)	(0.024)	

注：表中报告的是 Pearson 相关系数，***、**、*分别表示在1%、5%、10%的水平上显著。

表 8-4　　供应商股票市场反应的单变量检验结果

	CUST_CAR [-1, 1]	CUST_CAR [-2, 2]	CUST_CAR [-3, 3]
均值	-0.002*	-0.005***	-0.007***
(T 值)	(-1.77)	(-4.34)	(-7.65)
样本量	3952	3952	3952

注：***、**、*分别表示在 1%、5%、10% 的水平上显著，括号内为 t 检验值。

8.4.4 多元回归分析

（1）客户信息对供应商股票市场反应的影响

表 8-5 第（1）列报告了假设 H8-1 的回归结果，时间窗口为［-1，1］。其中因变量为 *SUPP_CAR*，表示在时间窗口［-1，1］内供应商的累计超额回报率。自变量为 *CUST_CAR*，表示在时间窗口［-1，1］内客户的累计超额回报率。本章用 *CUST_CAR* 表示客户总体信息，检验其对供应商股票市场反应的影响。在控制了供应商未预期盈余以及供应商或客户的公司特征等变量后，自变量 *CUST_CAR* 的系数显著为正。这进一步表明，供应商投资者会关注客户信息，且对客户信息存在显著的股票市场反应，假设 H8-1 得到验证。表中控制变量 *SUPP_SIZE* 的系数显著为负，这与预期一致，规模较大的供应商受客户影响较小，因而投资者对客户信息的市场反应也稍弱。控制变量 *POST_TIME* 的系数也显著为负，表明当客户早于供应商发布盈余公告时，供应商对客户盈余公告的市场反应更为显著，这也与预期一致。此外，控制变量 *SUPP_CAR*6 和控制变量 *CRET*1 的系数也显著，表明本书设计的回归模型具有一定的有效性。

（2）客户盈余信息对供应商股票市场反应的影响

在假设 H8-1 得到验证的基础上，本章进一步将客户信息分解为盈余信息、交易信息、治理信息和网络信息，分别检验其是否

表 8-5　　客户信息影响供应商股票市场反应的回归结果

SUPP_CAR	(1) CUST_CAR	(2) CES	(3) CUST_DA	(4) SALES_RATIO	(5) DURATION	(6) CUST_SOE	(7) CUST_INT	(8) COMIND	(9) DISTANCE
X_{kt}	0.121***	0.001**	-0.003	0.001**	0.001	-0.001	0.001	0.004*	-0.001
	(6.88)	(2.35)	(-1.31)	(2.05)	(1.33)	(-0.16)	(1.33)	(1.65)	(-0.76)
$SUPP\_UES_{jt}$	0.011	0.001	0.001	0.001	0.000	0.001	0.001	0.001	0.001
	(0.23)	(0.24)	(0.20)	(0.24)	(0.23)	(0.24)	(0.23)	(0.34)	(0.25)
$SUPP\_CAR6_{jkt}$	-0.011**	-0.013**	-0.013**	-0.013**	-0.013**	-0.013**	-0.013**	-0.011**	-0.013**
	(-2.10)	(-2.36)	(-2.38)	(-2.37)	(-2.38)	(-2.38)	(-2.38)	(-2.12)	(-2.39)
$CRET1_{kt}$	-0.003*	-0.007*	-0.007	-0.007	-0.007	-0.007	-0.007	-0.008	-0.007
	(-1.74)	(-1.75)	(-0.50)	(-0.48)	(-0.47)	(-0.47)	(-0.47)	(-0.55)	(-0.48)
$SUPP\_MB_{jt}$	0.001	0.001	0.001	0.001	0.001	0.001	0.001	0.001	0.001
	(1.01)	(1.03)	(1.06)	(1.03)	(0.93)	(1.00)	(0.93)	(1.10)	(1.03)
$SUPP\_SIZE_{jt}$	-0.003***	-0.003***	-0.003***	-0.003***	-0.003***	-0.003***	-0.003***	-0.003***	-0.003***
	(-3.47)	(-3.50)	(-3.52)	(-3.53)	(-3.55)	(-3.50)	(-3.55)	(-3.30)	(-3.57)
$SUPP\_LEV_{jt}$	0.000	-0.001	-0.001	-0.000	-0.000	0.001	-0.001	-0.001	-0.001
	(0.03)	(-0.06)	(-0.09)	(-0.05)	(-0.00)	(0.00)	(-0.00)	(-0.17)	(-0.05)
$SUPP\_ROA_{jt}$	0.013	0.013	0.013	0.013	0.012	0.013	0.012	0.011	0.012
	(0.55)	(0.54)	(0.52)	(0.54)	(0.49)	(0.55)	(0.49)	(0.44)	(0.48)

续表

SUPP_CAR	(1) CUST_CAR	(2) CES	(3) CUST_DA	(4) SALES_RATIO	(5) DURATION	(6) CUST_SOE	(7) CUST_INT	(8) COMIND	(9) DISTANCE
$POST\_TIME_{jkt}$	-0.002*	-0.002*	-0.001*	-0.002*	-0.002*	-0.002*	-0.002*	-0.002*	-0.001*
	(-1.94)	(-1.75)	(-1.73)	(-1.76)	(-1.78)	(-1.77)	(-1.78)	(-1.82)	(-1.72)
$CUST\_SIZE_{kt}$	-0.001	-0.001	-0.001	-0.001	-0.001*	-0.001	-0.001*	-0.001	-0.001
	(-1.45)	(-1.50)	(-1.56)	(-1.43)	(-1.66)	(-1.44)	(-1.66)	(-1.38)	(-1.51)
$CUST\_MB_{kt}$	0.001	0.002	0.002	0.002	0.002	0.002	0.002	0.002	0.002
	(1.23)	(1.50)	(1.38)	(1.48)	(1.44)	(1.55)	(1.44)	(1.44)	(1.48)
$CUST\_LEV_{kt}$	-0.004	-0.003	-0.003	-0.004	-0.003	-0.004	-0.003	-0.004	-0.003
	(-0.59)	(-0.55)	(-0.43)	(-0.56)	(-0.46)	(-0.61)	(-0.46)	(-0.59)	(-0.54)
Constant	0.103***	0.107***	0.109***	0.107***	0.108***	0.106***	0.108***	0.102***	0.109***
	(4.23)	(4.34)	(4.38)	(4.34)	(4.41)	(4.26)	(4.41)	(4.09)	(4.43)
Year	Control	Control	Control	Control	Control	Control	Control	Control	Control
Industry	Control	Control	Control	Control	Control	Control	Control	Control	Control
Observations	3952	3952	3952	3952	3952	3952	3952	3952	3952
$Adj-R^2$	0.0275	0.0238	0.0242	0.0245	0.0237	0.0256	0.0263	0.0236	0.0239

注：***、**、*分别表示在1%、5%、10%的水平上显著。标准误均为聚类稳健标准误。

会显著影响供应商股票市场反应。表 8－5 第（2）列至第（9）列是具体的回归结果。

表 8－5 第（2）、第（3）列示了假设 H8－2a、假设 H8－2b 的具体回归结果。因变量为供应商股票市场反应（*SUPP_CAR*），自变量为客户的盈余信息，分别为客户未预期盈余和客户可操控性应计。在表 8－5 第（2）列中，在控制了其他因素后，客户未预期盈余与供应商股票市场反应在 5% 水平上显著正相关，这说明供应商投资者预测供应商公司价值时会关注客户的未预期盈余信息，且认为客户未预期盈余与供应商公司价值显著正相关，假设 H8－2a 得到验证。表 8－5 第（3）列中，客户可操控性应计与供应商股票市场反应不相关。这说明，供应商投资者在利用客户信息预测供应商公司价值时不会关注到客户的盈余信息质量。这一结果并不能支持假设 H8－2b。

（3）客户交易信息对供应商股票市场反应的影响

表 8－5 第（4）、第（5）列为假设 H8－3a、假设 H8－3b 的回归结果，检验客户的交易信息对供应商股票市场的反应。因变量为供应商的股票市场反应，自变量分别为供应商和客户之间的交易比率（*SALES_RATIO*）、供应商和客户之间的交易稳定性（*DURATION*）。表 8－5 第（4）列中，变量 *SALES_RATIO* 的系数在 5% 水平上显著为正，表明供应商和客户之间的交易比率越大，供应商对客户信息的股票市场反应越强。表 8－5 第（5）列中，变量 *DURATION* 的系数则并不显著。表 8－5 中的结果表明，供应商投资者会关注客户的交易信息，尤其是当供应商和客户之间的交易强度越大时，供应商投资者从客户信息中得到的信息含量越多，其对客户信息的股票市场反应也越强，假设 H8－3a 得到支持，假设 H8－3b 未得到支持。

（4）客户治理信息对供应商股票市场反应的影响

假设 H8－4a、假设 H8－4b 探究客户的治理信息对供应商股票市场反应的影响。本章选取客户是否为国有企业（*CUST_SOE*）以及机构投资者持股比例（*CUST_INT*）两个指标考察客户的治理信息。表 8－5 第（6）、第（7）列的回归结果中，变量 *CUST_SOE* 和 *CUST_INT* 的系数均不显著，与假设 H8－4a、假设 H8－4b 预期不一致。这表明，客户是否为国有企业和机构投资者持股虽然可以影响客户的治理状况以及信息披露质量，但是投资者预测供应商公司价值时并没有充分关注这些信息，进而并不能引起供应商显著的股票市场反应。

（5）客户网络信息对供应商股票市场反应的影响

表 8－5 第（8）、第（9）列为假设 H8－5a、假设 H8－5b 的回归结果，检验客户的网络信息是否显著影响供应商的股票市场反应。回归模型的因变量为供应商的股票市场反应（*SUPP_CAR*），自变量为供应商和客户是否属于同一行业（*COMIND*）以及供应商和客户之间的地理距离（*DISTANCE*）。表 8－5 第（8）列中，自变量 *COMIND* 的系数在 10% 水平上显著为正。这表明，当供应商和客户属于同一行业时，供应商投资者对客户信息的关注度更高，供应商对客户信息的股票市场反应更强，假设 H8－5a 得到验证。表 8－5 第（9）列中，自变量 *DISTANCE* 的系数并不显著，说明供应商投资者在预测供应商公司价值时并不会关注到供应商和客户之间的地理距离信息。这一回归结果与本章的预期并不一致，假设 H8－5b 未能被验证。

8.4.5 稳健性检验[①]

（1）关于模型缺失变量的检验

为增强回归结果的说服力，本章将所有衡量客户信息的变量放

---

① 考虑到同行信息传递以及样本量两方面因素，本章不进行将供应商进一步分为制造业和非制造业的稳健性检验。

入模型中进行回归，回归结果如表 8－6 所示。表 8－6 中，针对客户的盈余信息，客户未预期盈余可以引起显著的供应商股票市场反应，然而供应商投资者却并不会关注到客户的盈余信息质量。客户的交易信息中，供应商和客户的交易强度越大，供应商股票市场反应越强，然而交易稳定性（*DURATION*）的系数并不显著。关于客户的治理信息，客户是否为国有企业和机构投资者持股比例信息对供应商的股票市场反应无影响。关于客户的网络信息，变量 *COMIND* 和 *DISTANCE* 的系数并不显著。综上，除了变量 *COMIND* 不显著，其他变量的检验结果与前文一致，这说明我们的回归结果具有一定的稳健性。

表 8－6　　稳健性检验 1：补充缺失变量

SUPP_CAR	*COMPLEX_INFO*
CES_{kt}	0.001 ** (2.17)
$CUST\_DA_{kt}$	−0.031 (−1.53)
$SALES\_RATIO_{jkt-1}$	0.002 *** (2.75)
$DURATION_{jkt-1}$	0.001 (0.78)
$CUST\_SOE_{kt-1}$	−0.001 (−0.22)
$CUST\_INT_{kt-1}$	−0.003 (−0.63)
$COMIND_{jkt-1}$	0.003 (1.36)
$DISTANCE_{jkt-1}$	−0.001 (−0.44)
$SUPP\_CAR6_{jkt}$	−0.014 ** (−2.58)
$CRET1_{kt}$	−0.007 (−0.51)

续表

SUPP_CAR	COMPLEX_INFO
$SUPP\_MB_{jt}$	0.001 (0.98)
$SUPP\_SIZE_{jt}$	-0.003*** (-3.17)
$SUPP\_LEV_{jt}$	0.001 (0.19)
$SUPP\_ROA_{jt}$	0.014 (0.56)
$POST\_TIME_{jkt}$	-0.002* (-1.91)
$CUST\_SIZE_{kt}$	-0.001 (-1.41)
$CUST\_MB_{kt}$	0.001 (1.11)
$CUST\_LEV_{kt}$	-0.002 (-0.25)
Constant	0.104*** (3.97)
Year	Control
Industry	Control
Observations	3952
$Adj-R^2$	0.0256

注：***、**、*分别表示在1%、5%、10%的水平上显著。标准误均为聚类稳健标准误。

（2）剔除供应商和客户属于同一行业的样本

已有文献认为，同行企业之间存在显著的信息传递效应。为排除本章的检验结果是由于同行信息传递造成的，本章剔除了供应商和客户属于同一行业的样本，重新对各个假设进行回归。回归结果如表8-7所示。表8-7中，客户各种信息的回归结果与前文一致，本章的回归结果一定程度上是稳健的。

8.5　本章小结

本章探究供应链中客户信息是否以及如何影响供应商的股票市场反应。具体而言，本章以客户的季度报告作为研究场景，采用事件研究的方法，检验客户的盈余信息、交易信息、治理信息以及网络信息是否以及如何影响供应商的股票市场反应。

本章的实证结果发现：客户发布季度报告时，客户的短期股票市场反应与供应商的短期股票市场反应显著正相关。针对盈余信息，客户的未预期盈余与供应商的股票市场反应显著正相关，客户的盈余信息质量与供应商的股票市场反应则不相关。针对交易信息，供应商和客户之间的交易强度与供应商的股票市场反应显著正相关，交易稳定性则无显著相关关系。针对治理信息，客户的国有控股属性和机构投资者持股比例均不会显著影响供应商的股票市场反应。针对网络信息，当供应商和客户属于同一行业时，供应商的股票市场反应更强；供应商投资者对供应商和客户之间的地理距离信息关注度则较弱。综上，本章的实证结果表明，投资者在预测供应商的公司价值时，不仅会关注客户总体信息，而且会关注到客户的盈余、交易、治理和网络信息中的某一类特定信息。

本章以供应链为研究场景，立足于利益相关者和信息传递（信息的决策有用性）的基本理论，检验了客户公开披露信息对投资者预测公司价值的意义。具体地，本章基于前文的实证结果和研究结论，从客户信息影响供应商的信息披露策略、公司决策以及分析师的盈余预测作为渠道分析的切入角度，较为全面地分析客户信息影响供应商股票市场反应的作用渠道，不仅揭示了资本市场中存在的一条新的信息传递路径，而且为本书系统地概括供应链中客户信息传递到供应商资本市场的作用渠道奠定基础。

表 8 -7　　稳健性检验 2：剔除供应商和客户属于同一行业的样本

SUPP_CAR	CUST_CAR	CES	CUST_DA	SALES_RATIO	DURATION	CUST_SOE	CUST_INT	DISTANCE
X_{kt}	0.117***	0.001**	-0.003	0.013***	0.001	0.001	-0.003	-0.001
	(5.47)	(2.57)	(-1.18)	(2.62)	(0.29)	(0.00)	(-0.49)	(-0.76)
$SUPP\_UES_{jt}$	0.001*	0.001*	0.001*	0.001*	0.001*	0.001*	0.001*	0.001
	(1.69)	(1.69)	(1.68)	(1.70)	(1.70)	(1.71)	(1.67)	(0.25)
$SUPP\_CAR6_{jkt}$	-0.018***	-0.019***	-0.020***	-0.019***	-0.019***	-0.020***	-0.020***	-0.013**
	(-2.98)	(-3.16)	(-3.18)	(-3.16)	(-3.16)	(-3.18)	(-3.26)	(-2.39)
$CRET1_{kt}$	-0.001	-0.006	-0.006	-0.006	-0.006	-0.006	-0.006	-0.007
	(-0.09)	(-0.38)	(-0.36)	(-0.36)	(-0.35)	(-0.34)	(-0.34)	(-0.48)
$SUPP\_MB_{jt}$	0.002	0.002	0.002	0.002	0.002	0.002	0.002	0.001
	(1.36)	(1.43)	(1.48)	(1.39)	(1.42)	(1.40)	(1.36)	(1.03)
$SUPP\_SIZE_{jt}$	-0.003***	-0.003***	-0.003***	-0.003***	-0.003***	-0.003***	-0.003***	-0.003***
	(-2.93)	(-2.86)	(-2.91)	(-2.97)	(-2.94)	(-2.87)	(-3.00)	(-3.57)
$SUPP\_LEV_{jt}$	-0.004	-0.005	-0.005	-0.005	-0.005	-0.005	-0.003	-0.001
	(-0.56)	(-0.72)	(-0.72)	(-0.71)	(-0.69)	(-0.63)	(-0.43)	(-0.05)
$SUPP\_ROA_{jt}$	0.003	-0.001	-0.001	-0.002	-0.001	0.001	0.005	0.012
	(0.10)	(-0.01)	(-0.03)	(-0.07)	(-0.00)	(0.01)	(0.18)	(0.48)

续表

SUPP_CAR	CUST_CAR	CES	CUST_DA	SALES_RATIO	DURATION	CUST_SOE	CUST_INT	DISTANCE
$POST\_TIME_{jkt}$	-0.002*	-0.001	-0.001	-0.001	-0.001	-0.001	-0.002*	-0.001*
	(-1.84)	(-1.59)	(-1.59)	(-1.59)	(-1.61)	(-1.62)	(-1.80)	(-1.72)
$CUST\_SIZE_{kt}$	-0.002**	-0.002**	-0.002**	-0.002*	-0.002**	-0.002**	-0.002*	-0.001
	(-2.06)	(-2.13)	(-2.16)	(-1.86)	(-2.11)	(-2.09)	(-1.67)	(-1.51)
$CUST\_MB_{kt}$	0.002	0.002*	0.002	0.002	0.002	0.002*	0.002	0.002
	(1.51)	(1.65)	(1.53)	(1.64)	(1.60)	(1.70)	(1.48)	(1.48)
$CUST\_LEV_{kt}$	-0.008	-0.006	-0.005	-0.006	-0.006	-0.007	-0.006	-0.003
	(-1.09)	(-0.86)	(-0.75)	(-0.89)	(-0.85)	(-0.97)	(-0.89)	(-0.54)
Constant	0.122***	0.123***	0.125***	0.122***	0.123***	0.123***	0.120***	0.109***
	(4.50)	(4.51)	(4.53)	(4.49)	(4.53)	(4.45)	(4.15)	(4.43)
Year	Control	Control	Control	Control	Control	Control	Control	Control
Industry	Control	Control	Control	Control	Control	Control	Control	Control
Observations	3043	3043	3043	3043	3043	3043	3043	3043
$Adj-R^2$	0.0316	0.0197	0.0200	0.0197	0.0196	0.0198	0.0201	0.0139

注：***、**、*分别表示在1%、5%、10%的水平上显著。标准误均为聚类稳健标准误。

第9章 研究结论与局限

本章对全书的研究内容进行总结。首先，从理论分析和实证分析两方面归纳总结本书的主要研究结论。其次，根据研究内容和研究结论，阐述本书的政策启示。最后，本章也指出了本研究存在的局限性，并明确未来可能的研究方向。

9.1 主要研究结论

本书着重探究我国企业供应链中客户信息传递的形成机制。首先，基于经典理论和财务会计领域现有关于供应链研究的文献综述，并且结合我国独特的制度与现实背景，本书从理论和实际背景上分析研究供应链中客户信息传递的形成机制的必要性和可行性。其次，对供应链中客户信息传递进行具体的理论分析，为后续章节的实证研究提供了具体的检验方向和机制剖析依据，奠定了全书的理论基础。最后，根据理论分析内容，本书对供应商及其主要利益相关者获取并利用客户信息进行决策的具体路径的作用机制进行大样本实证检验。在理论分析和实证检验两个方面，本书分别得到以下结论：

（1）理论分析方面

本书基于经济学、社会学以及会计领域的基本理论，梳理并简要归纳相关研究的文献背景、制度背景和现实背景，利用文献推演和实证分析的研究方法，系统地对我国企业供应链中客户信息传递形成机制进行理论分析，主要结论如下：

第一，基于信息的决策有用性理论、利益相关者理论、信息不对称理论与社会网络理论，并结合我国独特的制度与现实背景，本书认为供应商和客户之间关系的实质是交易关系，交易双方有各自不同的利益诉求，两者之间的利益博弈与权力结构不均衡是供应链中产生机会主义行为、进而出现信息不对称现象的根本原因，因此，客户披露的信息对供应商及其利益相关者的决策是有用的。

第二，在论证了客户信息对供应商决策有用性的基础上，本书对我国供应链中客户信息传递的形成机制进行理论分析，构造“客户信息对供应商及其利益相关者的决策有用性分析—客户信息集合—供应商及其主要利益相关者获取并利用客户信息进行决策的路径分析”逻辑链条。首先，本书筛选并归纳了既具有代表性又适用于供应链研究场景的客户信息集合，主要包括客户的盈余信息、交易信息、治理信息和网络信息。其次，本书对供应商及其主要利益相关者如何获取并利用客户信息进行决策的过程和作用路径进行具体分析。针对不同的信息使用者，本书提出信息披露与监督、信息共享与利用、信息发现与解读这三条子路径作用模式，三条子路径相互关联、彼此影响，供应链中的客户信息经三条子路径的传递最终引起供应商投资者的市场反应。

本书对我国企业供应链中客户信息传递的起因、经过和结果进行了深入细致的理论分析，为后续实证研究提供了具体的检验方向和作用机制的剖析依据，也为今后学者的相关研究提供了系统的理论分析范式。

（2）实证分析方面

为判断客户披露的哪些信息能够并且如何被供应商及其主要利益相关者获取并利用，进一步评估本书提出的供应链中客户信息传递形成机制的现实合理性，本书对供应商及其主要利益相关者获取并利用客户信息进行决策的过程和具体作用路径进行了实证检验，得到以下实证结论：

第一，我国供应链中的客户信息传递确实存在“信息披露与监督”这一作用路径。本书具体的实证研究结果为：客户信息会影响供应商的盈余信息披露质量，客户的信息披露策略确实可以通过供应链传递到供应商处。当客户的盈余信息质量越高，“供应商—客户”之间的交易强度越强、交易越稳定或者双方的地理位置较近时，供应商的盈余信息披露质量较高；客户的治理信息却并不会显著影响供应商盈余信息质量。这表明，客户确实会经由供应链信息传递渠道监督甚至影响供应商的信息披露质量，而且，供应商和客户之间的关系越紧密，信息沟通和传递成本越低，客户的监督效果越好，供应商的信息披露质量越高。

第二，我国供应链中的客户信息传递确实存在“信息共享与利用”这一作用路径。以供应商的研发创新决策为切入点，本书具体的实证研究结果为：客户信息确实会影响供应商创新行为。从客户盈余信息质量、交易信息、治理信息以及地缘网络信息四方面进行研究发现，“供应商—客户”之间的交易强度越强、交易越稳定，越有助于供应商创新；客户的机构投资者持股比例越高时，越有助于供应商创新；供应商和客户之间的地理距离邻近，越有助于供应商创新。这表明，客户不仅会影响供应商的短期信息披露决策，还会影响供应商的长期投资行为。客户的治理状况越好，越容易改善客户的信息披露质量；“供应商—客户”之间的交易关系越紧密稳定或者地理距离越近，越有助于供应链中的客户信息传递，促进供应商创新。

第三，我国供应链中的客户信息传递确实存在“信息发现与解读”这一作用路径。本书的具体实证结果为：客户的盈余信息（未预期盈余、盈余信息质量）、交易信息（交易强度、交易稳定性）、治理信息（客户的机构投资者持股比例）以及网络信息（业缘网络信息、地缘网络信息）均可以为分析师预测供应商盈余提供更多、更相关的增量信息，提高分析预测的时效性；然而只有客户的盈余信息质量、交易信息（交易强度、交易稳定性）和网络信息（业缘网络信息和地缘网络信息）有助于提高分析师修正后的预测准确度。进一步研究发现，分析师根据客户信息做出的盈余预测修正对供应商投资者也具有增量信息含量，仍能够引起供应商投资者的股票市场反应。这些实证结果表明，作为资本市场中重要的信息中介，分析师预测供应商盈余时会关注客户的盈余信息、交易信息、治理信息和网络信息，并利用这些信息提高盈余预测的效率，进而影响投资者对供应商的价值判断和投资决策。

第四，供应链中客户信息经过三条子作用路径最终传递到供应商的投资者，引起供应商投资者对客户披露的信息具有显著的股票市场反应。本书的实证研究结果为：客户发布季度报告时，客户的短期股票市场反应与供应商的短期股票市场反应显著正相关；客户的未预期盈余与供应商的股票市场反应显著正相关；“供应商—客户”之间的交易强度与供应商的股票市场反应显著正相关；供应商和客户之间属于同一行业时，供应商的股票市场反应越强；客户的国有控股属性和机构投资者持股比例不会显著影响供应商的股票市场反应。这些实证结果表明，投资者在预测供应商价值时，不仅会关注到客户的总体信息，而且关注到客户的盈余、交易、治理和网络信息中的某些特定信息，客户信息对投资者预测供应商价值是有信息含量的。

第五，本书提出的供应链中客户信息传递的各条作用路径存在明显的交互作用：首先，客户的信息通过路径一——“信息披露与监督”影响供应商的信息披露质量，通过路径二——“信息共享与利用”影响供应商的公司决策，通过路径三——“信息发现与解读”影响供应商分析师的盈余预测。其次，作为资本市场的信息中介，分析师在预测供应商盈余时，不仅会搜集并利用来自客户信息，同时会关注供应商自身披露的信息。最后，投资者在供应商的估值决策时所有作用路径中传递的信息含量会综合反映：投资者不仅会关注客户披露的信息、供应商自身披露的信息（途径一和途径二的综合作用效果），还会关注分析师对供应商的盈余预测（途径三的作用效果）。

9.2 政策启示

本书的研究结论为我国引导经济运行中的政策制定带来以下启示：

第一，进一步完善信息披露制度，积极鼓励企业自愿披露供应商/客户信息，加强对资本市场信息披露和产品市场运营的监管力度和惩罚措施，降低信息泄露风险，保障实体经济和资本市场有效运营，推动资本市场供给侧结构性改革。本书整理并对比了国内外对主要供应商/客户信息披露的制度规定和披露现状。与以美国为例的成熟资本市场相比，虽然我国上市公司对主要供应商/客户信息披露的制度规定日趋完善，但是在实际操作过程中，仍有20%左右的上市公司选择不披露任何关于供应商/客户信息，另有40%左右的公司选择只披露前五大供应商/客户的合计交易额，而不披露具体的供应商/客户名称及交易额。本书的研究发现客户信息对供应商及其利益相关者决策有用，因此完善上市公司关于主要供应商/客户的信息披露制度、鼓励上市公司自愿披露详细的主要供应商/客户信息，有助于同时提高供应商和客户的信息披露质量，增强信息披露透明度，保护投资者利益，进而提高我国资本市场的有效性。大部分不披露具体供应商/客户信息的公司是为了保护公司的商业机密不被竞争对手获悉，维护公司的核心竞争力和长久发展，因此政府在鼓励公司自愿披露具体的交易信息时，要同时加强产品市场运营的监管力度，避免因信息泄露导致的恶性竞争，在保障实体经济有效运行的基础上促进资本市场的有序发展。

第二，应进一步大力发展我国的分析师和机构投资者的队伍建设，促进资本市场中信息使用者的专业化和成熟化，优化资本市场投资者结构，推动更多中长期价值投资资金入市，提高资本市场有效性。与美国等发达国家的资本市场相比，我国目前的资本市场投资者结构主要以个人投资者为主，机构投资者等专业大规模投资者的持股比例较低（截至2016年，机构投资者持股比例仅占16%左右），专业分析师规模虽有大幅增长但预测独立性不够[①]，导致我国资本市场中投资者对信息的发现和解读不够，中长期投资等价值投资较少，短期跟风炒作严重，资本市场有效性较弱。本书的研究发现，分析师可以利用客户信息提高其对供应商的盈余预测效率，且投资者能够利用分析师盈余预测进一步修正其对供应商公司价值的判断，这部分说明我国的分析师一定程度上能够促进资本市场上的信息传递与资源配置。因此，我国应继续大力发展分析师和机构投资者这类专业化程度较高的资本市场参与者群体，深化资本市场结构改革，积极推进金融供给侧结构性改革，增强金融服务实体经济的能力。

第三，应大力深化供给侧结构性改革，去产能、去库存，降低产品市场竞争，推动供应链关系持续稳定，优化市场资源配置，保障实体经济稳固发展。与美国等发达国家市场相比，我国的产品市场集中度较低，只有小部分行业达到了美国2002年左右的水平，大部分行业的竞争激烈、产能过剩情况严重。产品市场集中度较低、产能过剩，产品市场竞争激烈，导致我国市场中买卖双方的选

① 腾讯财经，2012-02-03，1969名中国卖方分析师生态：竞赛背后六大挑战，a/20120206/000699.htm。

择较多，供应链中交易关系的稳定性较差。本书的研究发现，供应链交易关系的稳定，不仅有助于形成稳定货源和销售渠道，解除企业发展的后顾之忧，促进实体经济稳步发展，而且便于资本市场参与者发现并解读上下游公司信息，更准确地评估公司经营现状和发展前景，预测公司价值，进而促进资本市场的资源有效配置。2015年，习近平总书记在中央财经领导小组第十一次会议上首次提出供给侧结构性改革，现阶段我国应该不断深化，提高产品市场集中度，解决产能过剩问题，推动供应链稳定发展，优化资源配置，促进实体经济和资本市场同步稳固发展。

9.3 局限性与未来研究方向

由于时间和个人能力有限，本书的研究还存在一定的局限性，主要如下：

第一，供应链中客户信息传递的理论分析还不完善。限于个人能力和现有研究资源，本书所提出的我国供应链中客户信息传递的理论分析框架仍存在一定问题，主要包括以下两点：首先，本书最初的出发点是想植根于我国特殊的制度和现实背景，寻找中国情境下供应链中客户信息传递与美国等发达国家的差异性。但是由于我们对我国供应链的发展与现状的认识并不充分，尤其对实际情况的了解大多停留在纸上谈兵的程度，并没有进行实地调研考察，因此本书理论分析中总结出的关于中国情境的特色元素较少，中国与美国等发达国家市场的差异不够鲜明。其次，本书所提出的理论分析框架中，对各信息传递子路径发挥作用的具体细节的论证分析不够，选取验证各具体作用机制的角度容易落于窠臼，需要进一步更细更深地挖掘其内在逻辑，增强文章整体的创新性。

第二，本书对供应链中各具体信息传递子路径的实证检验还有待增强。限于公司对主要供应商/客户信息的披露并不充分，数据不足导致实证研究的可行性较差是已有财务会计领域关于供应链方面的研究存在的共同问题。由于无法获得更多更细致的关于供应链的交易数据，很多探讨供应链中交易实质的关键学术问题无法得到实证检验，导致现有供应链研究结论大都浮于表层，缺乏深层次理解。本书也存在类似的问题，限于样本量及交易细节数据的可得性，本书对供应链中客户信息传递的具体作用路径的检验还不够深入到位，无法得到更有辨识度的研究结论。

针对本书现有研究内容与研究结论，未来可以从以下三方面入手拓宽思路，寻找新的研究内容。

第一，充分利用案例分析的方法，实地走访调研企业，深入了解我国目前实体经济中供应链的发展现状与特点，尽可能获得反映供应链中交易关系实质的一手数据，结合已有理论分析框架，发现我国市场与美国等成熟资本市场的关键共性和差异，凸显研究内容及结论的中国特色。

第二，后续实证研究可以寻找更多、更细的切入点进行数据挖掘与搜集，如主要供应商/客户的持股状况及公司架构、具体注册地信息以及商业信用情况等，既可通过网上或其他二手数据渠道进行搜集，又可以通过发放调查问卷等其他方式获得更为详尽的一手数据。拓宽数据的可得范围可以拓宽研究领域，对问题的认识也将更为深刻。

第三，本书目前主要针对我国供应链中客户信息传递进行研究，并与国际上已有研究成果进行对比。为拓宽研究思路，未来可以考虑利用多国市场的数据进行跨国比较研究，如新兴市场与发达市场比较等，寻找研究问题的国别差异；也可以考虑搜集跨国供应链数据，研究跨国供应链中信息传递的独特之处，尽可能在多场景中寻找研究的增量贡献。

参考文献

[1] Abarbanell, J. S., W. N. Lanen, and R. E. Verrecchia. Analysts' forecasts as proxies for investor beliefs in empirical research. Journal of Accounting and Economics, 1995, 20 (1): 31 -60.

[2] Akerlof, G. A. The market for "Lemons": Quality uncertainty and the market mechanism. Quarterly Journal of Economics, 1970, 8: 488 -500.

[3] Albuquerque, A. M., G. Papadakis, and P. D. Wysocki. The Impact of Risk on CEO Equity Incentives: Evidence from Customer Concentration. Working paper, 2014.

[4] Alejandro Portes. Social capital: its origins and applications in modern sociology. Annual Review of Sociology, 1998, 24: 1 -24.

[5] Alldredge, D., and Puckett, A. The Performance of Institutional Investor Trades Across the Supply Chain. Working paper, 2016.

[6] Allen, F., J. Qian, and M. Qian. Law, finance, and economic growth in China. Journal of Financial Economics, 2005, 77 (1): 57 -116.

[7] Ayers, B. C., S. Ramalingegowda, and P. E. Yeung. Hometown advantage: the effects of monitoring institution location on financial reporting discretion. Journal of Accounting and Economics, 2011, 52 (1): 41 -61.

[8] Baginski, S. P., and J. M. Hassell. The market interpretation of management earnings forecasts as a predictor of subsequent finan-

cial analyst forecast revision. The Accounting Review, 1990, 65 (1): 175 – 190.

[9] Baimen, S., and M. Rajan. The role of information and opportunism in the choice of buyer – supplier relationships. Journal of Accounting Research, 2002, 40: 247 – 278.

[10] Ball, R., and P. Brown. An empirical evaluation of accounting income numbers. Journal of Accounting Research, 1968, 6 (2): 159 – 178.

[11] Balsam, S., E. Bartov, and C. Marquardt. Accruals Management, investor sophistication, and equity valuation: evidence from 10Q filings. Journal of Accounting Research, 2002, 40: 987 – 1012.

[12] Banerjee, S., S. Dasgupta, and Y. Kim. Buyer – supplier Relationships And The Stakeholder Theory Of Capital Structure. Journal of Finance, 2008, 63 (5): 2507 – 2552.

[13] Basu, S. The conservatism principle and the asymmetric timeliness of earnings. Journal of Accounting and Economics, 1997, 24: 3 – 38.

[14] Battigalli, P., C. Fumagalli, M. Polo. Buyers power and quality improvements. Milan: Bocconi University, 2007, 1 – 34.

[15] Bauer, A. M., D. Henderson, and D. Lynch. Supplier internal control quality and the duration of customer – supplier relationships. The Accounting Review, 2018, 93 (3): 59 – 82.

[16] Beaver, W. H. The information content of annual earnings announcement. Journal of Accounting Research, 1968, 6: 67 – 92.

[17] Berle, A. and C. Means. The Modern Corporate and Private Properity. 1932. MacMillan, New York.

[18] Bernile, G., A. Kumar, and J. Sulaeman. Home away from home: geography of information and local investors. Review of Financial

Studies, 2015, 28 (7): 2009 - 2049.

[19] Bhattacharya, U., H. Daouk, and M. Welker. The world pricing of earnings opacity. The Accounting Review, 2003, 78: 641 - 678.

[20] Blair, M. M. Ownership and control: rethinking corporate governance for the twenty - first century, 1995, The Brooking Institution, Washington D. C.

[21] Bowen, R., L. DuCharme, and D. Shores. Stakeholders implicit claims and accounting method choice. Journal of Accounting and Economics, 1995, 20 (12) : 255 - 295.

[22] Burgstahler, D., and I. Dichev. Earnings management to avoid earnings decreases and losses. Journal of Accounting and Economics, 1997, 24 (12): 99 - 126.

[23] Burt, R. S. (1992) Structural Holes: The Social Structure of Competition. Harvard University Press, Cambridge.

[24] Bushman, R. M., and A. J. Smith. Financial accounting information and corporate governance. Journal of Accounting and Economics, 2001, 32: 237 - 333.

[25] Cachon, G. P., and M. A. Lariviere. Turning the supply chain into a revenue chain. Harvard Business Review, 2001, 79 (3): 20 - 21.

[26] Campello, M., J. Gao. Customer concentration and loan contract terms. Journal of Financial Economics, 2017, 123 (1): 108 - 136.

[27] Cao, J., H. Y. S. Hsieh, and M. J. Kohlbeck. Do Major Customers Influence Voluntary Corporate Disclosure? Working paper, 2013.

[28] Cen, L., F. Chen, Y. Hou, and G. Richardson. Strategic

Disclosures of Litigation Loss Contingencies When Customer – Supplier Relationships Are at Risk. The Accounting Review, 2018, 93 (2): 137 – 159.

[29] Cen, L., Maydew, E. L., and L. Zhang. Customer – Supplier Relationships and Corporate Tax Avoidance. Journal of Financial Economics, 2017, 123 (2): 377 – 394.

[30] Cen, L., S. Dasgupta, and R. Elkamhi. Reputation and Loan Contract Terms: The Role of Principal Customers. Working paper, 2014.

[31] Chang, H., C. M. Hall, and M. Paz. Customer Concentration and Cost Structure. Working paper, 2015.

[32] Chatfield, D. C., J. G. Kim, T. P. Harrison, and Hayya, J. C. The bullwhip effect – impact of stochastic lead time, information quality, and information sharing: a simulation study. Production and Operations Management, 2004, 13 (4): 340 – 353.

[33] Chen, C., J. B. Kim, M. H. Wei, and H. Zhang. Linguistic information quality in customers' forward – looking disclosures and suppliers' investment decisions. Contemporary Accounting Research, 2018, Forthcoming.

[34] Chen, G., X. Tian, and M. Yu. Redact to protect? Customers' incentive to protect information and suppliers' disclosure strategies. Working paper, 2019.

[35] Chen, J. P., Z. Li, X. Su, and Y. Yao. Relationship – specific investment and accounting conservatism: effect of customers and suppliers. Working paper, 2008.

[36] Chen, X., Q. Cheng, K. Lo. On the relationship between analyst reports and corporate disclosures: Exploring the roles of information discovery and interpretation. Journal of Accounting and Economics,

2010, Forthcoming.

[37] Chen, Z. Q. Buyer power: economic theory and antitrust policy. Research in Law and Economics, 2007, 22 (2): 17 -40.

[38] Cheng, C. S. A., and J. D. Eshleman. Does the market overweight imprecise information?: Evidence from customer earnings announcements. Review of Accounting Studies, 2014, 19 (3): 1125 -1151.

[39] Choi, J. H., J. B. Kim, A. Qiu and Y. Zang. Geographic proximity between auditor and client: How does it impact audit quality? Auditing Journal of Practice and Theory, 2012, 31 (2): 43 -72.

[40] Chu, Y., X. Tian, and W. Wang. Learning from customers: corporate innovation along the supply chain. Management Science, 2017, Forthcoming.

[41] Chung, R., M. Firth, and J. B. Kim. Institutional monitoring and opportunistic earnings management. Journal of Corporate Finance, 2002, 8: 29 -48.

[42] Clarkson, M. A stakeholder framework for analyzing and evaluating corporate social performance. Academy of Management Review, 1995, 20 (1): 92 -117.

[43] Clement, M. B., and S. Y. Tse. Do investors respond to analysts' forecast revisions as if forecast accuracy is all that matters? 2003, 78 (1): 227 -249.

[44] Clinch, G., and N. Sinclair. Intra - industry infromation releases: A recursive systems approach. Journal of Accounting and Economics, 1987, 9 (1): 89 -106.

[45] Cohen, D. A., and B, Li. Customer - Base Concentration, Profitability and the Information Environment: The U. S. Government as a Major Customer. Working paper, 2016.

[46] Cohen, L., and A. Frazzini. Economic links and predictable

returns. The Journal of Finance, 2008, 63 (4): 1977 -2011.

[47] Cohen, D. A., and B. Li. Customer - base concentration, profitability and the information environment: the U. S. government as a major customer. The Accounting Review, 95 (1): 101 -131.

[48] Coleman J. Social capital in the creation of human capital. American Journal of Sociology (Supplement), 1988, 94: 95 -120.

[49] Core, J. E., and Guay, W. R. The use of equity grants to manage optimal equity incentive levels. Journal of Accounting and Economics, 1999, 28: 151 -184.

[50] Costello, A. M. Mitigating incentive conflicts in inter - firm relationships: evidence from long - term supply contracts. Journal of Accounting and Economics, 2013, 56 (1): 19 -39.

[51] Cotter, J., I. Tuna, P. D. Wysocki. Expectations management and beatable targets: How do analysts react to explicit earnings guidance? Contemporary Accounting Research, 2006, 23: 593 -624.

[52] Daparin, G. P. and Hogarth - Scott, S. Are co - operation and trust confused with power? International Journal of Retail and Distribution Marketing, 2003, 9 (5): 256 -267.

[53] Dasgupta, S., K. Zhang, and C. Zhu. Do social connection mitigate hold - up? Evidence from relation - specific investment and innovation in vertical relationships. Working paper, 2017.

[54] Dechow, P. M., R. G. Sloan, and A. P. Sweeney. Detecting earnings management. The Accounting Review, 1995, 70 (2): 193 -225.

[55] Denis, D. J., Denis, D. K. and Sarin, A. Agency problems, equity ownership, and corporate diversification. Journal of Finance, 1997a, 1: 135 -160.

[56] Dhaliwal, D., J. S. Judd, and M. Serfling. Customer concentration risk and the cost of equity capital. Journal of Accounting and

Economics, 2016, 61 (1): 23 -48.

[57] Dhaliwal, D. , P. N. Michas, V. Naiker, and D. Sharma. Greater reliance on major customers and auditor going - concern opinions. Contemporary Accounting Research, 2020, 37 (1): 160 - 188.

[58] Dobson, P. W. , and Inderst, R. Differential buyer power and the waterbed effect: Do strong buyers benefit or harm consumers? European Competition Law Review, 2007, 28 (7): 393 -400.

[59] Donaldson, T. , and L. E. Preston. The stakeholder theory of the corporation: Concepts, evidence, and implications. Academy of Management Review, 1995, 20 (1): 65 -91.

[60] El - Ansary. Determinants of Power - Dependence in the Distribution Channel. Journal of Retailing, 1975, 51 (2): 59 -74, 94.

[61] Ellis, J. A. , C. E. Fee and S. E. Thomas. Proprietary Costs and the Disclosureof Information About Customers. Journal of Accounting Research, 2012, 50 (3): 685 -727.

[62] Fabbri, D. , and A. C. Menichini. Trade credit, collateral liquidation, and borrowing constraints. Journal of Financial Economics, 2010, 96: 413 -432.

[63] Farrell, M. and Schroder, B. Power and influence in the buying centre. European Journal of Marketing, 1998, 33 (11 - 12): 1161 -1170.

[64] Fee, C. E. , and S. Thomas. Sources of gains in horizontal mergers: evidence from customer, supplier, andrival firms. Journal of Finance and Economics, 2004, 74: 423 -460.

[65] Fee, C. E. , C. J. Hadlock , and S. Thomas. Corporate Equity Ownership and the Governance of Product Market Relationships. Journal of Finance, 2006, 61 (3): 1217 -1251.

[66] Files, R. , and U. G. Gurun. Lenders' response to peer

and customer restatements. Contemporary Accounting Research, 2017, 35 (1): 464 -493.

[67] Firth, M. Dividend changes, abnormal returns, and intra - industry firm valuations. Journal of Financial and Quantitative Analysis, 1996, 31: 189 -211.

[68] Foss, N. J. Knowledge - based approach to the theory of the firm: some critical comments. Organization Science, 1996, 7: 470 -476.

[69] Foster, G. Intra - industry information transfers associated with earnings releases. Journal of Accounting and Economics, 1981, 3 (3):201 -232.

[70] Freeman, R. E. and Evan, W. M. Corporate governance: A stakeholder interpretation. Journal of Behavioral Economics, 1990, 19: 337 -359.

[71] Freeman, R. E. Strategic management: A stakeholder approach, Boston, 1984, MA: Pitman.

[72] Freeman, R. , and S. Tse. An earnings prediction approach to examining intercompany information transfers. Journal of Accounting and Economics, 1992, 15 (4): 509 -523.

[73] Caspar, J. M. , and M. Massa. Local ownership as private information: evidence on the monitoring - liquidity trade - off. Journal of Financial Economics, 2007, 83 (3): 751 -792.

[74] Gavirneni, S. , R. Kapuscinski, and S. Tayur. Value of information in capacitated supply chain. Management Science, 1999, 45 (1): 16 -24.

[75] Gilsing, V. , and Nooteboom, B. Density and strength of ties in innovation networks: an analysis of multimedia and biotechnology. European Management Review, 2005, 2: 179 - 197.

[76] Gleason, C. , Jenkins, and W. B. Johnson. The contagion

effect of accounting restatements. The Accounting Review, 2008, 83 (1): 83 - 110.

[77] Granovetter, M. S. The strength of weak ties. The American Journal of Sociology, 1973, 6: 1360 - 1380.

[78] Grossman, S. J., and O. D. Hart. Takeover bids the free - rider problem, and the theory of the corporation. Bell Journal of Economics, 1980, 11 (1): 42 - 64.

[79] Guan, Y., F. Wong, and Y. Zhang. Analyst following along the supply chain. Review of Accounting Studies, 2015, 20 (1): 210 - 241.

[80] Guercio, D. D., and J. Hawkins. The motivation and impact of pension fund activism. Journal of Financial Economics, 1999, 52 (3), 293 - 340.

[81] Gul, F. A., J. B. Kim, A. A. Qiu. Ownership concentration, foreign shareholding, audit quality, and stock synchronicity: evidence from China. Journal of Financial Economics, 2010, 95: 425 - 442.

[82] Hansen, M. T. The search - transfer problem: the role of weak ties in sharing knowledge across organization subunits. Administrative Science Quarterly, 1999, 44: 82 - 111.

[83] Hartzell, J. C., and L. T. Starks. Institutional Investors and Executive Compensation. Journal of Finance, 2003, 58: 2351 - 2374.

[84] Hertzel, M., Z. Li, M. Officer, and K. Rodgers. Inter - firm linkages and the wealth effects of financial distress along the supply chain. Journal of Financial Economics, 2008, 87 (2): 374 - 387.

[85] Hilary, G., and R. Shen. The role of analysts in intra - industry information transfer. The Accounting Review, 2013, 88 (4): 1265 - 1287.

[86] Holmstrom, B. Agency costs andinnovation. Journal of Eco-

nomic Behavior & Organization, 1989, 12 (3): 305 - 327.

[87] Hortacsu, A., F. Martinez - Jerez and J. Douglas. The geography of trade in online transactions: evidence form eBay and mercado libre. American Economic Association, 2009, 1 (1): 53 - 74.

[88] Huang, H. H., G. J. Lobo, and C. Wang. Customer concentration and corporate tax avoidance. Journal of Banking and Finance, 2016, 72 (11): 184 - 200.

[89] Huang, L., and J. R. Kale. Product Market Linkages, Manager Quality, and Mutual Fund Performance. Review of Finance, 2013, 17 (6): 1895 - 1946.

[90] Hui, K. W., S. Klasa, and P. E. Yeung. Corporate suppliers and customers and accounting conservatism. Journal of Accounting and Economics, 2012, 53 (1 - 2): 115 - 135.

[91] Hutton, P., A. Marcus, and H. Tehranian. Opaque financial report, R2, and crash risk. Journal of Financial Economics, 2009, 94 (1): 67 - 86.

[92] Inderst, R., and C. Wey. How strong buyers spur upstream innovation. London: London School of Economics, 2005: 1 - 36.

[93] Intintoli, V. M. Serfling, S. Shaikh. CEO Turnovers and Disruptions in Customer - Supplier Relationships. Working paper, 2018.

[94] Irvine, P., S. S. Park, and Çelim Yildizhan. Customer - base concentration, profitability and the relationship life cycle. The Accounting Review, 2015, 91 (3): 883 - 906.

[95] Itzkowitz, J. Buyers as stakeholders: How relationships affect suppliers financial constraints. Journal of Corporate Finance, 2015, 31: 54 - 66.

[96] Itzkowitz, J., and A. Loviscek. An unpleasant small - stock

effect in manufacturing: the case of the dependent buyer. Managerial Finance, 2016, 42 (10): 1017 - 1032.

[97] Jensen, M. C., and W. H. Meckling. Theory of the firm managerial behavior, agency costs and ownership structure. Journal of Financial Economics, 1976, 3 (4): 305 - 360.

[98] Johanson, J., and L Mattsson. Interganizational relations in industrial systems: A network approach compared with the transaction - cost approach. International Studies of Management & Organization, 1987, 1: 34 - 48.

[99] Johnson, W. C., J. Kang, R. Masulis and S. Yi. Supply - chain spillover effects and the interdependence of firm financing decisions. Working paper, 2011.

[100] Kalay A. Stockholder - bondholder conflict and dividend constraints. Journal of Financial Economics, 1982, 10 (2): 211 - 233.

[101] Kale, J. R., and H. Shahrur. Corporate Leverage and Specialized Investments by Customers and Suppliers. Journal of Applied Corporate Finance, 2008, 20 (4): 98 - 104.

[102] Kang, J. K., and J. M. Kim. The geography of block acquisitions. The Journal of Finance, 2008, 6 (12): 2817 - 2858.

[103] Kim J. B., B. Y. Song, and Y. Zhang. Earnings performance of major customers and bank loan contracting with suppliers. Journal of Banking and Finance, 2015, 59 (10): 384 - 398.

[104] Kim, Y., M. Lacina, and M. S. Park. Positive and negative information transfers from management forecasts. Journal of Accounting Research, 2008, 46 (4): 885 - 908.

[105] Korcan, Ak, B., and P. N. Patatoukas. Customer - Base Concentration and Inventory Efficiencies: Evidence from the Manufacturing Sector. Production and operations management, 2016, 25 (2):

258 - 272.

[106] Kothari, S. P. Capital Market Research in Accounting. Journal of Accounting and Economics, 2001, 31: 105 - 231.

[107] Kothari, S. P., Leone, A., Wasley, C. Performance matched discretionary accrual measures. Journal of Accounting Economics, 2004, forthcoming.

[108] Kulp, S., H. Lee, and E. Ofek. Manufacturer benefits from information integration with retail customers. Management Science, 2004, 50: 431 - 444.

[109] Lang, L. H. P., and R. M. Stulz. Contagion and competitive intra - industry effects of bankruptcy announcements: an empirical analysis. Journal of Financial Economics, 1992, 32 (1): 45 - 60.

[110] Leung, E. Supplier relationship characteristics and disclosure of forward - looking information. Working paper, 2012.

[111] Leuz, C., D. Nanda, and P. Wysocki. Earnings Management and Investors Protection: an International Comparison. Journal of Financial Economics, 2003, 3 (69): 505 - 527.

[112] Liu, M., T. Ma, and X. Martin. Accounting Quality and Trade Credit. Accounting Horizons, 2017, 31 (3): 69 - 83.

[113] Livnat J., and Y. Zhang. Information interpretation or information discovery: which role of analysts do investors value more? Review of Accounting Studies, 2012, 17 (3): 642 - 648.

[114] Luo, S. and N. J. Nagarajan. Information complementarities and supply chain analysts. The Accounting Review, 2015, 90 (5): 1995 - 2029.

[115] Malloy, C. The geography of equity analysis. Journal of Finance, 2005, 60: 719 - 755.

[116] Manso, G. Motivating innovation. Journal of Finance.

2011, 66 (5): 1823 - 1860.

[117] Mitchell, J. C. The Concept and Use of Social Networks. Social Networks in Urban Situations. 1969.

[118] Murray, J. Y., Kotabe, M., A. R. Wildt. Strategic and financial performance implications of global sourcing strategy: a contingency analysis. Journal of International Business Studies, 1995, 26 (1):181 - 202.

[119] Myers, S. Determinants of corporate borrowing. Journal of Financial Economics, 1977, 5: 147 - 175.

[120] Olsen, C., and J. R. Dietrich. Vertical information transfers: The association between retailers sales announcements and suppliers' security returns. Journal of Accounting Research, 23 (Supplement), 1985, 144 - 166.

[121] Olsen, R. F. and Ellram, L. M. A portfolio approach to supplier relationship management. Industrial Marketing Management, 1997, 26: 101 - 113.

[122] Ozer, O., W. Wei. Strategic commitments for an optimal capacity decision under asymmetric forecast information. Management Science, 2006, 52 (8): 1239 - 1258.

[123] Pandit S., C. E. Wasley, and T. Zach. Information externalities along the supply chain: The economic determinants of suppliers' stock price reaction to their customers' earnings announcements. Contemporary Accounting Research, 2011, 28 (4): 1304 - 1343.

[124] Park, C. W. and E. K. Stice. Analysts forecasting ability and the stock pricereaction to forecast revisions. Review of Accounting Studies, 2000, 5 (9): 259 - 272.

[125] Parrino, R., and M. S. Weisbach. Measuring investment distributions arising from stockholder - bondholder conflicts. Journal of

Financial Economics, 1999, 53: 3 -42.

[126] Patatoukas, P. N. Customer - Base Concentration: Implications for Firm Performance and Capital Markets. The Accounting Review, 2012, 87 (2): 363 -392.

[127] Porter, M. E. How competitive forces shape strategy. Harvard Business Review, 1979, 57 (1): 78 -93, 137.

[128] Qian, Y. A theory of shortage in socialist economies based on the "soft budget constraint", American Economic Review, 1994, 84: 145 -156.

[129] Radhakrishnan, S., Z. Wang, and Y. Zhang. Customers' Capital Market Information Quality and Suppliers' Performance. Production and Operations Management, 2014, 23 (10): 1690 -1705.

[130] Raman, K., and H. Shahrur. Relationship - specific investments and earnings management: evidence on corporate suppliers and customers. The Accounting Review, 2008, 83: 1041 -1081.

[131] Ramnath, S. Investor and analyst reactions to earnings announcements of related firms: an empirical analysis. Journal of Accounting Research, 2002, 40 (5): 1351 -1376.

[132] Shleifer, A., and Vishny, R. Large shareholders and corporate control. Journal of Political Economy, 1986, 94: 461 -488.

[133] Short, H., and K. Keasey. Institutional voting in the UK: Is mandatory voting the answer? Corporate Governance: an International Review, 1997, 5 (1): 37 -44.

[134] Smith, C., and J. B. Warner. On financial contracting: and analysis of bond covenants. Journal of Financial Economics, 1979, 7: 117 -161.

[135] Sun, Q., and H. S. Tong. China share issue privatization: the extent of its success. Journal of Financial Economics, 2003, 70:

183 -222.

[136] Tarsalewska, M. The timing of mergers along the production chain, capital structure, and risk dynamics. Journal of Banking and Finance, 2015, 57 (8): 51 -64.

[137] Taylor, T. A., and W. Xiao. Does a Manufacturer Benefit from Selling to a Better - Forecasting Retailer?, Management Science, 2010, 56 (9): 1584 -1598.

[138] Thorelli, H. B. Networks: Between Markets and Hierarchies. Strategic Management Journal, 1986, 7 (1): 37 -51.

[139] Tian, L. Government shareholding and the value of China's modern firms. Working paper, 2001.

[140] Wahal, S., J. J. McConnell. Do institutional investors exacerbate managerial myopia? Journal of Corporate Finance, 2000, 6: 307 -329.

[141] Williamson, O. E. The economic institutions of capitalism. 1985, Free Press, New York.

[142] Wilner, Benjamin S. The Exploitation of Relationships in Financial Distress: The Case of Trade Credit. The Journal of Finance, 2000, 55: 153 -178.

[143] 薄仙慧，吴联生．国有控股与机构投资者的治理效应：盈余管理视角．经济研究，2009，2：81 -91.

[144] 边燕杰，张磊．论关系文化与关系社会资本．人文杂志，2013，1：107 -113.

[145] 陈宏辉，贾生华．企业利益相关者三维分类的实证分析．经济研究，2004，4：80 -90.

[146] 陈宏辉．企业利益相关者的利益要求：理论与实证研究．北京：经济管理出版社，2004.

[147] 陈静．我国社会信用及管理体系现状与对策研究．中国

流通经济，2011：123－127.

［148］陈峻，王雄元，彭旋．环境不确定性、客户集中度与权益资本成本．会计研究，2015，11：76－82.

［149］陈仕华，姜广省，卢昌崇．董事联结、目标公司选择与并购绩效——基于并购双方之间信息不对称的研究视角．管理世界，2013，12：117－132.

［150］陈晓，陈小悦，刘钊．A股盈余报告的有用性研究——来自上海、深圳股市的实证证据．经济研究，1999，6：21－28.

［151］陈晓，江东．股权多元化、公司业绩与行业竞争性．经济研究，2000，8：28－35.

［152］陈正林，王彧．供应链集成影响上市公司财务绩效的实证研究．会计研究，2014，2：49－56.

［153］程贵孙．零售商买方势力理论研究述评．商业经济与管理，2010，1：11－17.

［154］程书强．机构投资者持股与上市公司会计盈余信息关系实证研究．管理世界，2006，9：129－136.

［155］戴亦一，张俊生，曾亚敏，潘越．社会资本与企业债务融资．中国工业经济，2009，8：99－108.

［156］丁俊发．中国供应链管理蓝皮书．北京：中国财富出版社，2015.

［157］方红星，张勇，王平．法制环境、供应链集中度与企业会计信息可比性．会计研究，2017，7：33－40.

［158］方红星，张勇．供应商/客户关系型交易、盈余管理与审计师决策．会计研究，2016，1：79－86.

［159］高雷，张杰．公司治理、机构投资者与盈余管理．会计研究，2008，9：64－72.

［160］韩洁，田高良，杨宁．连锁董事与并购目标选择：基于信息传递视角．管理科学，2014，2：15－25.

［161］韩敬稳，赵道致，秦娟娟．Bertrand 双寡头对上游供应商行为的演化博弈分析．管理科学，2009，2：57 –63.

［162］黄秋萍，赵先德，杨君豪．供应商关系管理中的金融关系行为研究．南开管理评论，2014，4：66 –77.

［163］贾生华，陈宏辉．利益相关者的界定方法述评．外国经济与管理，2002，5：13 –18.

［164］金智，柳建华，陈辉．信息披露监管的外部性——同行信息传递与市场学习．中国会计评论，2011，9（2）：225 –250.

［165］孔东民，徐茗丽，孔高文．企业内部薪酬差距与创新．经济研究，2017，10：144 –157.

［166］李常青，魏志华，吴世农．半强制分红政策的市场反应研究．经济研究，2010，3：146 –157.

［167］李姝．公司治理结构对会计信息决策有用性的影响——基于国有上市公司与民营上市公司的比较．山西财经大学学报，2007，9：117 –122.

［168］李维安，李滨．机构投资者介入公司治理效果的实证研究——基于 CCGI～（NK）的经验研究．南开管理评论，2008，1：6 –16.

［169］李维安，武立东．企业集团的公司治理——规模起点、治理边界及子公司治理．南开管理评论，1999，4：4 –8.

［170］李维安．《中国公司治理原则（草案）》及其解说．南开管理评论，2001，1：9 –24.

［171］李心合．面向可持续发展的利益相关者管理．当代财经，2001，1：66 –70.

［172］李增泉，卢文彬．会计盈余的稳健性：发现与启示．会计研究，2003，2 ：19 –27.

［173］廖理，曾亚敏，张俊生．外资并购的信息传递效应分析——加剧竞争压力抑或提高并购概率．金融研究，2009，2：

29－39.

［174］廖秀梅．会计信息的信贷决策有用性：基于所有权制度制约的研究．会计研究，2007，5：31－38.

［175］刘凤委，汪辉，孙铮．股权性质与公司业绩——基于盈余管理基础上的经验分析．财经研究，2005，31（6）：96－106.

［176］刘永涛，陈运森，谢德仁，郑登津．董事连锁网络与会计政策趋同——基于开发支出会计政策隐性选择的证据．中国会计评论，2015，1：1－30.

［177］卢昌崇，陈仕华．断裂联结重构：连锁董事及其组织功能．管理世界，2009，5：152－165.

［178］陆宇峰．净资产倍率和市盈率的投资决策有用性——基于“费森—奥尔森估值模型”的实证研究．上海财经大学，1999.

［179］陆正飞，祝继高，孙便霞．盈余管理、会计信息与银行债务契约．管理世界，2008，3：158－164.

［180］马元驹．企业经济信息传递过程中的“差序信息”现象分析．经济与管理研究，2008，6：73－77.

［181］钱颖一．企业的治理结构改革和融资结构改革．经济研究，1995，1：20－29.

［182］邵晓峰，黄培清，季建华．供应链中供需双方合作批量模型的研究．管理工程学报，2001，2：54－57.

［183］石美娟，童卫华．机构投资者提升公司价值吗？——来自后股改时期的经验证据．金融研究，2009，10：150－161.

［184］唐斯圆，李丹．客户地理距离邻近与公司信息质量．中国会计评论，2019，17（1）：21－48.

［185］唐跃军，宋渊洋．价值选择 VS. 价值创造——来自中国市场机构投资者的证据．经济学（季刊），2010，2：223－246.

［186］唐跃军．供应商、经销商的议价能力与公司业绩——来自 2005—2007 年中国制造业上市公司的经验证据．中国工业经济，

2009，10：67－76.

［187］王博森，施丹．市场特征下会计信息对债券定价的作用研究．会计研究，2014，4：19－26.

［188］王迪，刘祖基，赵泽朋．供应链关系与银行借款——基于供应商/客户集中度的分析．会计研究，2016，10：42－49.

［189］王化成，张伟华．关联交易，会计信息契约有用性与公司治理——基于上市公司高管变更的视角．第16届中国财务学年会，2011.

［190］王琨，肖星．机构投资者持股与关联方占用的实证研究．南开管理评论，2005，2：28－34.

［191］王琨，肖星．机构投资者持股与关联方占用的实证研究．南开管理评论，2005，8（2）：27－33.

［192］王小鲁，樊纲，余静文．中国分省份市场化指数报告．社会科学文献出版社，2016.

［193］王雄元，刘芳．客户议价能力与供应商会计稳健性．中国会计评论，2014，12：389－404.

［194］王雄元，王鹏，张金萍．客户集中度与审计费用：客户风险抑或供应链整合．审计研究，2014，6：72－82.

［195］王雄元，彭旋．稳定客户提高了分析师对企业盈余预测的准确性吗？金融研究，2016，5：156－172.

［196］王亚平，吴联生，白云霞．中国上市公司盈余管理的频率与幅度．经济研究，2005，12：102－112.

［197］王跃堂，孙铮，陈世敏．会计改革与会计信息质量——来自中国证券市场的经验证据．会计研究，2001，7：16－26.

［198］王卓，吕本富，董纪昌．供应链内部的折扣博弈．中国管理科学，2005，5：67－70.

［199］魏明海，衣昭颖，李晶晶．中国情境下供应链中客户盈余信息传递效应影响因素研究．会计研究，2018，6：19－25.

[200] 魏明海．会计信息质量经验研究的完善与运用．会计研究，2005，3：30－37.

[201] 温军，冯根福．异质机构、企业性质与自主创新．经济研究，2012，3：54－65.

[202] 巫景飞，何大军，林暐，王云．高层管理者整治网络与企业多元化战略：社会资本视角．管理世界，2008，8：107－118.

[203] 吴昊旻，杨兴全，魏卉．产品市场竞争与公司股票特质性风险——基于我国上市公司的经验证据．经济研究，2012，6：101－115.

[204] 吴世农，吴超鹏．盈余信息度量、市场反应与投资者框架依赖偏差分析．经济研究，2005，2：54－62.

[205] 吴先聪，刘星．机构投资者参与公司治理的研究综述——起源、机制和效应．软科学，2011，9：116－120.

[206] 夏冬林，李刚．机构投资者持股和会计盈余质量．当代财经，2008，2：111－118.

[207] 夏立军，方铁强．政府控制、治理环境与公司价值——来自中国证券市场的经验证据．经济研究，2005，5：40－51.

[208] 辛宇，徐莉萍．投资者保护视角下治理环境与股改对价之间的关系研究．经济研究，2007，9：121－133.

[209] 许年行，江轩宇，伊志宏，徐信忠．分析师利益冲突、乐观偏差与股价崩盘风险．经济研究，2012，7：127－140.

[210] 杨道广，陈汉文，刘启亮．媒体压力与企业创新．经济研究，2017，8：127－141.

[211] 杨海燕，韦德洪，孙健．机构投资者持股能提高上市公司会计信息质量吗？——兼论不同类型机构投资者的差异．会计研究，2012，9：16－23.

[212] 杨瑞龙，周业安．论利益相关者合作逻辑下的企业共同治理机制．中国工业经济，1998，1：38－45.

［213］杨瑞龙，周业安．一个关于企业所有权安排的规范性分析框架及其理论含义——兼评张维迎、周其仁及崔之元的一些观点．经济研究，1997，1：12－22.

［214］姚小涛，席酉民．社会网络理论及其在企业研究中的应用．西安交通大学学报：社会科学版，2003，3：27－32.

［215］游家兴．R2 的复活——股价同步性研究评述与展望．管理科学学报，2017（20）：63－79.

［216］岳衡，林小驰．证券分析师 VS 统计模型：证券分析师盈余预测的相对准确性及其决定因素．会计研究，2008，8：40－49.

［217］赵宇龙．会计盈余披露的信息含量：来自上海股市的经验证据．经济研究，1998，7：41－49.

［218］钟胜，汪贤裕．从纵向一体化到供应链战略的抉择机制分析．数量经济技术经济研究，2003，7：100－104.

［219］朱红军，何贤杰，陶林．信息源、信息搜寻与市场吸收效率——基于证券分析师盈利预测修正的经验证据．财经研究，2008，34（5）：63－74.

［220］庄贵军，周筱莲，周南．零售商与供应商之间的依赖关系的实证研究．商业经济与管理，2006，6：20－25.

后 记

本书是基于我博士期间的个人研究成果撰写而成，主要是关注企业供应链中客户信息对供应商的影响，探讨其内在形成机制。

回首本书的写作过程，感触良多。我非常感激导师魏明海教授认真勤恳的指导。老师为人和蔼，睿智从容，不仅是我学术的引路人，更是我人生的引路人。在我刚开始跟着魏老师做研究时，学术功底其实并不扎实，反应也有点慢。魏老师对很多研究问题都有自己独到的见解，思维也有很大跳跃性，我并不能总是跟得上他的思路。后来，我便每次去跟老师讨论前，都会将自己的问题整理列好，讨论时尽量将老师说的每一步都做好笔记。老师工作很忙，但是只要我们有事情找他，他都会很快抽出时间与我们讨论。魏老师在学术上十分严谨，对研究问题十分敏锐，总是希望我们对问题思考得再深一些，不能浮于表面，遗憾的是，我往往并不能完全理解和实现老师的一些想法和思路。除了认真细致的指导，魏老师还十分鼓励我们与年轻老师交流合作，并尽其所能地提供平台。在老师的推荐下，我有机会向很多青年学术翘楚请教论文，从他们身上学到了很多论文写作思路和方法。老师不仅在学术上十分严谨，在生活和为人处世上也十分睿智。我一直觉得自己不擅长跟人打交道，很多事情处理得并不够好。当我遇到生活的难题、备受困扰时，老师几句简单朴素的话往往就能够使我茅塞顿开。读博六年，魏老师对我的指导和帮助不是几句话就能简单说清楚的，我一直非常庆幸自己能够成为魏老师的学生，这是影响我整个人生的大确幸。

感谢首都经济贸易大学会计学院，能够加入会计学院，我一直觉得十分荣幸。感谢院长、书记以及各位同事的大力帮助和支持，我才能获得这样宝贵的出书机会。感谢中山大学管理学院优渥的科研平台，感谢论文写作过程中帮助过我的各位老师，正因为有你们，我才得以克服本书撰写过程中遇到的种种困难。感谢中国财政经济出版社的各位领导和编辑老师，感谢你们在出版过程中认真负责的审核校对，才能让本书得以顺利出版。

最后，我要感谢我的家人。一直以来，父母是我最坚强的后盾。感谢父母的养育和支持，感谢你们的鼓励和无微不至的关怀。对父母的感激，千言万语，尽在不言中。

我一直觉得言语是世界上最苍白无力的东西，但言语有时又极有力量。今后我将认真地进行学术研究，继续秉承中大会计系的优秀传统，脚踏实地、认真勤谨。愿所有关心和帮助我的人都一生顺遂、平安喜乐！

衣昭颖

2020 年 12 月 8 日